아무도 없는 곳에서,
모두가 있는 곳으로

아무도 없는 곳에서,
모두가 있는 곳으로

ⓒ 김현, 신해욱, 안미옥, 안희연, 최진영, 한정원, 2023

초판 1쇄 발행	2023년 11월 20일
초판 5쇄 발행	2025년 11월 19일

지은이	김현, 신해욱, 안미옥, 안희연, 최진영, 한정원
편집	이아립, 이민희
표지 사진	목정원
디자인	이아립
인쇄	전병훈(크레인)

펴낸곳	픽션들
펴낸이	이영주
전화	070-4647-2432
팩스	02-6305-0402
인스타그램	instagram.com/fictiondle
전자우편	fictiondle@gmail.com

ISBN 979-11-983307-7-2   03810

이 책의 판권은 지은이와 픽션들 출판사에 있습니다.
양측의 서면 동의 없는 무단 전재 및 복제를 금합니다.

아무도 없는 곳에서, 모두가 있는 곳으로

최진영　신해욱　한정원　김현　안희연　안미옥

fic
tion
dle

7

49

87

113

153

191

216

최진영
이 겨울이 끝나면 당신을 잊겠습니다

신해욱
이제 양쪽에서

한정원
노래가 되기까지

김현
물결과 별

안희연
해가 진 뒤에

안미옥
선잠

작품 해설 | 양경언(문학평론가)
사랑의 예술가들

이 겨울이 끝나면 당신을 잊겠습니다

최진영

최진영

소설가. 장편소설 《당신 옆을 스쳐간 그 소녀의 이름은》 《끝나지 않는 노래》
《나는 왜 죽지 않았는가》 《구의 증명》 《해가 지는 곳으로》 《이제야 언니에게》
《내가 되는 꿈》 《단 한 사람》, 소설집 《팽이》 《겨울방학》 등이 있다.
그럼에도 나에게는 사랑이 있다.

겨울을 좋아한다. 따뜻한 커피 잔을 두 손으로 감싸 쥐고 온기에 안도하는 계절. 담요와 털장갑과 목도리의 계절. 코트를 입으면 마치 나를 커다란 주머니에 담는 것만 같다. 밤하늘의 별은 겨울철에 가장 선명하게 보인다. 고개를 들면 카시오페이아와 오리온과 시리우스가 있다. 언제나 그 자리에서 반짝이는 별을 바라보면, 가끔은, 나를 괴롭히던 현실의 고민이 먼지처럼 작아져서 겨울바람에 날아가버리기도 한다.

겨울은 정리하고 다짐하고 시작하는 계절. 제야의 종소리를 듣고 일출을 바라보며 가까운 사람들에게 다정한 안부와 인사를 건넬 수 있다. 고생했어, 건강하자, 원하는 것을 이룰 수 있을 거야, 고마워, 사랑해, 복 많이 받으세요. 겨울에는 눈이 내리고, 눈사람이 나타나고, 하얗고 깨끗한 눈은 너무나도 신비롭다. 수많은 눈송이의 결정은 모두 다르고 공평하게 녹아 사라진다. 기온이 영하로 내려가면 수증기가 얼어 눈이 된다

이 겨울이 끝나면 당신을 잊겠습니다

는 것을 알면서도, 하늘에서 내리는 하얀 눈을 볼 때마다 마법을 목도하는 것만 같다.

대설大雪이란 절기를 중요하게 보냈을 옛사람들을 생각해본다. 농사를 짓는 사람들이 많았을 테고, 가을이 막 지났으니, 흉작을 피한 해였다면 곡식이 어느 정도 쌓여 있을 것이다. 아궁이에 넣을 장작을 미리 마련해두었다면 따뜻한 아랫목에 차가운 손과 발을 녹일 수도 있다. 바깥의 흙과 물은 얼었다. 나무는 잎을 버렸고 씨앗은 땅속 깊이 숨었다. 동물은 동굴에서 잠들고 어떤 새들은 따뜻한 나라로 떠났다. 빙판 아래에서 물고기는 바람처럼 이동한다. 밤은 길고 별은 밝고 세상은 고요하다. 겨울바람은 자유롭게 자신의 계절을 만끽한다. 커다란 새의 들뜬 날갯짓처럼, 겨울바람은, 세상의 얼어붙은 모든 것을 흔들고 건드려서 깨우려고 한다. 놀자, 나랑 놀러 가자고 문 앞을 맴돌며 지치지 않고 불러대는 것만 같다. 봄과 여름과 가을을 바쁘게 살

최진영

아온 사람들에게 겨울은 쉬어가는 계절. 요란한 겨울바람을 피해 문을 꼭 닫고 작은 방에서 내밀하고 내성적인 시간에 파묻힌다.

겨울은 따뜻함을 찾는 지름길. 가까이 앉을 수 있다. 나의 손으로 당신의 손을 데울 수 있다. 서로의 심장 소리에 귀 기울일 수 있다. 속삭이듯 마음을 전해도 당신은 들을 수 있다. 고요 속에서, 참아왔던 진심을 천천히 꺼내놓을 수 있다. 바쁘게 지내느라 묻어두었던 감정을 마주할 수도 있다. 혼자서 멍하니, 지구에서 볼 수 있는 가장 밝은 별을 바라보다가 문득, 지난 계절 서성이던 그 마음의 이름을 뒤늦게 깨달을 수도 있다. 미루던 편지를 쓸 수 있다.

이 겨울이 끝나면 당신을 잊겠습니다

당신에게.

잘 지내고 계신가요.
답장이 늦었습니다.

지난여름 끝에 당신이 두고 간 앵두는 무척 달았습니다. 아까운 생각에 차마 마음껏 먹지 못하고 바구니에 담아둔 채 바라만 보았더니 금세 무르고 시들어 또 한참을 두고 볼 수밖에 없었습니다. 달콤한 열매를 먹으면 몹시 아플 것만 같았어요.

그리하여 이제 나는 그와 같은 아픔에 대해서는 영영 알 수 없는 사람.

단단한 씨앗을 따로 모아서 마당에 심었습니다. 앵두는 응달에서도 잘 자라니 따로 보살피지 않더라도 싹을 틔우겠지요. 그 새싹이 자라 나무가 되어

최진영

다시 열매를 맺는다 해도 그것은 당신이 두고 간 열매와 다른 열매일 겁니다.

슬픈 마음입니다.

나는 이렇게 자꾸만 뒤늦습니다.

당신을 미워하지 않고, 다만 그리워하고 싶습니다. 당신은 얼마나 멀리까지 가셨을까요.

대설 근처에 눈이 많이 내리면 따뜻한 겨울을 보낼 수 있고 다음 해 농사는 풍년이라고 한다. 과학적인 이유가 있을 것이다. 눈의 보온력, 눈이 녹아 땅에 스며들어 풍성해질 습기, 병충해를 막는 영하의 기온……. 그런 분석을 뒤로 하고, 눈이 많이 내리는 날 사람의 마음을 생각해본다. 첫눈을 기다리는 사람들. 함박눈을

이 겨울이 끝나면 당신을 잊겠습니다

맞으며 함빡 웃는 사람들. 쌓인 눈 위에 새겨지는 정다운 발자국. 그 발자국 위에 새로 내리는 눈. 새하얀 입김을 쏟아내는 사람들. 겨울을 만지며 노는 아이들. 눈에 파묻혀서 만든 눈사람과 눈밭 위에 쓴 마음은 녹아 사라질 것이다. 그러나 아무도 사라짐을 두려워하지 않는다. 진정 두려운 것은 봄이 오지 않는 것. 겨울을 반기는 마음 깊은 곳에는 언제나 봄이 깃들어 있다.

겨울에는 서로를 걱정하는 마음이 눈처럼 쌓인다. 따뜻하게 입어야 해. 내일은 더 추울 거래. 이리 와서 몸을 좀 녹여. 따뜻한 차를 준비했어. 장갑은 챙겼어? 내 목도리를 줄까? 추우니까 어서 들어와. 길이 미끄러우니까 천천히 가. 감기 조심해. 그와 같은 걱정은 아마도 사랑하는 마음. 겨울은 사랑을 돌아보고 돌보는 계절. 그러므로 눈이 많이 내리면 더욱 따뜻할 수밖에 없다.

최진영

겨울은 자정에서 새벽으로 나아가는 시간. 어둠이 더 짙어지기를 빛은 기다린다. 충만한 어둠 속에서 충분히 혼자이기를. 때가 되어 서서히 빛이 스며도 눈을 가리거나 커튼을 닫아버리지 않도록. 기꺼이 빛을 받아들일 수 있도록. 한겨울의 깊은 밤 어둠 속에서 혼자 부르는 노래를 듣는다. 노란 등 아래에서 꺼내놓는 진심과 같은 노래. 홀로 걷는 사람의 뒷모습 같은 노래. 밑줄을 긋고 천천히 또박또박 따라 적고 싶은 노래. 새벽에 고요히 내리는 눈과 같은 노래. 발신인을 적지 못한 편지 같은 노래.

눈이 내립니다.

지난 계절에 만든 나무 의자에 앉아
따뜻한 차를 마시고 있어요.
눈 내리는 풍경을 오랫동안 바라보고 있습니다.

이 겨울이 끝나면 당신을 잊겠습니다

당신도 기억할까요. 마당에 감나무가 있습니다. 늦가을에 마당을 뒤덮었던 감나무 낙엽들은 마치 하늘이 실수로 쏟아버린 무지개 같았어요. 눈이 아프도록 다채로운 색들. 나는 그 아름다움 또한 오랫동안 바라보았고, 마침내 두려웠습니다. 어떤 화려함은, 눈부심은, 눈을 뗄 수 없는 아름다움은 나를 두려움에 빠트립니다.

색을 모두 버리고 담백해진 감나무 가지에
하얀 눈이 쌓이고 있습니다.

당신의 말을 기억합니다. 눈 쌓인 풍경을 보면 어쩐지 따뜻하다는 느낌이 먼저 든다고 했지요. 눈과 따뜻함을 연결하는 모순에 대해 덧붙이면서 당신은 웃었고, 나는 당신처럼 웃고 싶었습니다. 검거나 흰 겨울의 아름다움은 두렵지 않습니다. 다만 우아하고 그래서 고독해 보여요.

최진영

나는 당신이 두려웠습니다.

나의 연애는 매번 겨울에 시작되었다. 사랑해서 연애를 시작하기보다 만나다 보니 내가 이 사람을 사랑하고 있구나, 깨닫는 경우가 많았다. 깨달음의 시기는 언제나 달랐다.

연애를 시작하기도 전에 깨달은 적도 있었다. 그때 나는 이미 상대를 사랑할 준비가 되어 있었기 때문에 상대가 어떤 존재이든 상관없었다. 나의 예상과 완전히 다른 존재였더라도 사랑했을 것이다. 먼저 움튼 나의 사랑을 지키기 위해 애썼을 것이다.

연애의 끝에 다다르도록 깨닫지 못한 적도 있다. 나는 상대를 사랑해야만 한다는 당위에 속박되었다. 내가 죽어야만 헤어질 수 있을 거라는 공포에 사로잡히기도 했다. 그 시절 나에게 사랑이란 감옥이고 칼이고 파멸이었다. 지금도 이따금 그때의 마음을 떠올린다. 그 시

이 겨울이 끝나면 당신을 잊겠습니다

절을 잊고 싶진 않다. 그건 사랑이 아니었다고 말하고 싶지도 않다. 사랑은 수천 개의 가면을 가지고 있으며 어떤 사랑은 참혹하다. 나는 한때 위험에 빠졌고 짐승처럼 기어서 빠져나왔다.

사랑인 줄 알았으나 외로움이었던 적도 있다. 너무 외로워 오랫동안 굶주린 사람처럼 가리지 않고 감정을 먹어치웠다. 경멸, 무시, 후회, 원망, 기만, 우울과 허무를 사랑인 줄 알고 주워 먹었다. 먹을수록 허기는 강렬해졌다. 상대가 나를 우습게 여길수록 나는 더욱 허기졌다. 부끄러운 줄 알면서도 구걸했고 나는 점점 하찮아졌다. 어떤 사랑은 비루하다. 그때 나는 한심했다. 나는 나를 버리러 아무도 없는 곳으로 갔다. 그러나 나는 퍼즐이 아니었다. 일부만 떼어서 버릴 순 없었다. 전부 버리기엔 겁이 났다. 결국 버리고 싶은 마음만 버리고 돌아왔다. 나는 아직도 자신을 사랑하는 방법을 모른다.

최진영

연애를 시작하고 얼마간의 시간이 흐른 뒤에야 이건 사랑이구나, 깨달은 적도 있다. 그때 나는 사랑하고 싶지 않았다. 사랑이 버겁고 어려워 사랑이 없어도 상관없는 연애를 원했다. 하지만 사랑해버렸고, 그래서 그 순간에는 망했다고 낙담했다. 돌이켜보면 귀여운 낙담이지만 그때는 정말 진지했었다. 연애가 길어질수록 더 깊이 사랑하게 되었다. 그에게 상처를 주려고 내뱉은 말에 오히려 내가 상처받을 때, 혼자 걸어가는 그의 뒷모습을 우연히 봤을 때, 그가 어려움에 빠져 홀로 자책할 때, 두려워하며 울먹일 때, 이를테면 그가 연약한 상태일 때 나는 그를 확실히 사랑한다고 느꼈다. 당신 옆에서 같이 울고 방황하고 주저앉고 싶은 마음. 당신을 절대 혼자 두고 싶지 않다는 마음. 그가 없는 세상을 상상하면 내가 미웠다. 그에게만큼은 언제나 내가 더 사랑하는 존재이고 싶었다.

이 겨울이 끝나면 당신을 잊겠습니다

나무 이야기를 조금 더 해도 될까요.

봄에 꽃을 피우고 여름에 열매를 맺고 가을에 발산하여 겨울이면 잠시 쉬어가는 나무. 얼어붙었던 나무도 겨울이 물러가면 다시 꽃을 피웁니다. 나는 모든 식물이 부활하는 존재라고, 오직 식물만이 부활할 수 있다고 믿어요. 떠나지 않기 때문에, 긴 시간 한자리에서 모든 것을 있는 그대로 받아들이기 때문에 그들은 부활합니다.

당신이 떠난 뒤 나는 일인용 의자를 만들었습니다. 그 의자에 앉아 책을 읽고 따뜻한 차를 마시고 음악을 듣고 나무를 봅니다. 의자에 앉아서 바라보는 바깥은 언제나 변하고 움직입니다. 무엇도 머무르지 않아요. 오직 눈이 내릴 때만 멈추고 기다리는 것 같습니다. 지금 나는 스노볼 속에 있는 것만 같아요. 그와 같은 느낌은 나를 평온하게 합니다.

최진영

이렇게 말해도 될까요. 당신이 떠나고 나는 갇힌 존재입니다. 이대로 영영 눈이 내리길 바랍니다. 나는 봄을 모르는 사람이에요. 꽃과 열매 같은 건 달콤한 거짓말. 모든 것을 버리고 최소한으로 존재하는 겨울나무를 바라보며 당신의 말을 곰곰 되새깁니다. 눈과 따뜻함의 모순. 나와 당신이라는 모순. 당신이 떠났다는 문장과 당신을 기다린다는 문장을 같은 의미로 쓰고 싶진 않습니다. 당신도 아시겠지요. 너무 차가운 것을 만질 때는 너무 뜨겁다는 느낌을 받기도 합니다. 그것은 통각이며 통증입니다. 나는 당신이 두려웠습니다.

그리고 나는 여전히 선명하게 기억한다. 처음으로 타인을 사랑한다고 느꼈던 순간.
그때 사랑은 겨울 햇살처럼 무작정 쏟아져 나를 녹였다. 피할 수 없이 나에게. 오직 나에게만. 고체에서 액

이 겨울이 끝나면 당신을 잊겠습니다

체로, 액체에서 기체로, 나를 자꾸만 다른 존재로 만들어버렸다.

열여덟 살이었다. 겨울 오후였다. 교실에 석유난로를 피우던 시절이었다. 창으로 오후의 하얀 햇살이 쏟아지듯 들어왔다. 나는 조금은 졸린 상태로 친구의 이야기를 듣고 있었다. 그때 교실 뒷문에서 누군가의 이름을 부르는 소리가 들렸다. 그 이름의 주인도 아니면서 나는 그쪽으로 고개를 돌렸고, 그 순간, 그 이름의 주인에게 사로잡혔다. 처음 보는 얼굴이 아닌데도 마치 처음 보는 것처럼 아득했다. 느닷없이 눈이 부셨고 머릿속에는 아름답다는 생각뿐이었다. 설명할 수 없는 이유로 순식간에 반해버렸다. 예상치 못한 폭탄을 전달받은 것처럼 당혹스러웠다. 심장이 빠르게 뛰었다. 어둠 속에서 끝없는 계곡으로 추락하는 느낌이었다. 처음 느낀 사랑이 불러오는 정서는 설렘, 기쁨, 환희, 기대 같은 것이 아니었다. 불안, 초조, 당혹, 동요, 긴

최진영

장, 위기감이었다.

첫사랑은 모서리가 많아서 나를 다치게 했다.
너무 빛나서 나를 초라하게 했다.
너무 무거워서 나를 짓눌렀다.
너무 시끄러워서 나를 잠들지 못하게 했다.
너무 압도적이어서 나를 세상 밖으로 밀어내는 것만 같았다.
너무 아름다워서 나를 외롭게 했다.

첫사랑이라는 감정 자체가 그랬다. 그 감정은 절대 명료한 단어로 표현할 수가 없다. 그러나 신체의 일부처럼 나에게 확실하게 남아버렸다. 나는 거듭하여 '첫사랑'이라는 제목의 소설을 썼다. 내게 남은 그것이 무엇인지 모르겠어서. 그런데도 자꾸만 감각되어서. 소설로 쓸 때마다 어긋난다는 느낌이었으나, 어긋난다는 건 그래도 가까이 있다는 뜻. 타인에 대한 간절한 마음

이 겨울이 끝나면 당신을 잊겠습니다

을 처음 느꼈던 때와 가까이 있고 싶다. 살수록 뻔해지니까. 다 아는 것만 같다는 위험한 착각에 빠지기 쉽고, 익숙한 것에 권태를 느끼면서도 익숙함에 기대려고 하니까. 사람을, 사랑을, 보이지 않는 마음을 나도 모르는 사이에 시시하게 여길 수도 있으니까. 그런 존재가 되고 싶지는 않다. 가까이 있고 싶다. 아무 대가를 바라지 않고, 당신이 나를 사랑하지 않더라도, 당신에게 나는 없는 존재와 마찬가지라고 해도, 그럼에도 당신의 행복과 안녕을 바랐던 처음의 마음과.

나무뿐이겠습니까.
무엇을 보든 당신을 생각합니다.

달콤한 거짓말을 원한 적이 있어요. 당신은 나에게 그것을 주지 않았습니다. 그래서 원망했으나 이제는 당신에게 고마운 마음입니다. 그리고 여전히 당

최진영

신을 미워합니다. 이 또한 모순이라고 말할 수 있을까요.

그날 당신은 길을 걷다가 작은 돌멩이를 주워 그 모양이 당신의 마음과 닮았다며 나에게 주었습니다. 당신은 나에게도 청했습니다. 네 마음과 닮은 것을 찾아서 나에게 줘. 나는 울고 싶었습니다. 늘 당신의 마음을 알고 싶다고 생각했어요. 당신이 나에게 그것을 주어서 나의 진심을 깨달았습니다.

나는 당신의 마음을 알고 싶지 않았어요.
아는 것이 두려웠습니다.

돌멩이를 손에 쥐어봅니다. 차갑고 딱딱합니다.
그것이 당신의 마음입니까?
당신이 내게 불을 줬더라면, 얼음을, 물을, 꽃잎을 줬더라면 그것은 꺼지고 녹고 메마르고 시들었을 겁

이 겨울이 끝나면 당신을 잊겠습니다

니다. 돌멩이는 변함없어요. 나는 언제나 그것을 만질 수 있습니다. 죽을 때까지 간직할 수 있고 죽어서는 돌멩이처럼 될 수도 있겠지요. 돌멩이는 내가 둔 자리에 영영 그대로 있을 겁니다. 그것이 당신의 마음인가요?

그런 마음을 두고 떠날 수는 없습니다.
돌멩이는 돌멩이. 당신의 마음은 아닙니다.

얼마나 멀리까지 가셨을까요.

첫사랑은 미완으로 완성되었다. 나는 그때의 마음을 돌멩이처럼 간직하고 싶어서 자꾸만 소설을 쓴다. 그때의 나를 소환해서 질문하는 것이다. 너의 그 마음은 어떻게 태어났니. 그토록 차갑거나 뜨거운 것을 품고서 너는 어떻게 잠을 자고 밥을 먹고 공부를 했니. 보

최진영

고 싶은 그 마음을 어떻게 참았니. 너의 그 마음은 어디로 갔을까. 내가 잃어버린 걸까. 스스로 떠난 걸까. 이후 이런저런 사랑을 했다. 어떤 사랑은 첫사랑의 복제품 같았다. 또 다른 사랑은 첫사랑의 옵션처럼 느껴졌다. 또 어떤 사랑은 첫사랑을 시시하게 만들었다. 그리고 모든 사랑은 나를 나로 만들었다.

눈이 그치지 않습니다. 나는 일인용 의자에 앉아 나무를 바라봅니다. 나무에 꽃이 피어나면 새로운 꽃, 열매가 열리면 새로운 열매입니다. 그러나 언제나 같은 나무. 이곳에서는 아무도 나를 찾지 않습니다. 누구도 나를 궁금해 하지 않아요. 모르는 사람으로 살기 위해 이곳에 왔습니다.

어쩌면 당신이 곁에 있을 때보다 당신을 그리워하는 지금 당신을 더 사랑하는지도 모르겠습니다.

이 겨울이 끝나면 당신을 잊겠습니다

어쩌면 당신과의 사랑보다 지금의 고독을 더 원했는지도 모르겠어요.

이 겨울이 끝나면 당신을 잊겠습니다.
사랑했었다고 말하겠습니다.

헤어지기 위해 아무도 없는 곳으로 떠난 적이 있다. 그곳에 마음과 시간을 버렸다. 그리고 돌아왔다. 무언가를 버린 자리가 있어 새로운 것으로 채울 수 있었다. 어제와는 다른 오늘을 살 수 있었다. 그러므로 헤어지기 위해 떠난다는 건, 다시 사랑하기 위해 돌아오겠다는 것.

그러니 기다리고 있을 것이다.
당신이 새 마음으로 돌아오기를.

이제 양쪽에서

신해욱

신해욱

시인. 시집 《간결한 배치》《생물성》《syzygy》《무족영원》, 소설 《해몽전파사》,
픽션에세이 《창밖을 본다》, 산문집 《비성년열전》《일인용 책》 등이 있다.
삶과 말의 낙차에서 생성된 에너지로 글을 쓴다.

1

아이가 있으면 좋겠다. 그런 생각을 했다. 제주로 가는 밤 비행기 안에서였다.

창밖의 동쪽 하늘에 보름달이 떠 있었다. 활주로를 달리던 비행기가 이륙하자 달은 기체의 움직임을 따라 고속으로 떠올랐다. 그러고는 곡예하듯 현란하고 어지러운 낙하와 상승을 반복하다가 날개 뒤로 모습을 감췄다. 도시가 점점 작아졌다. 도로를 따라 점선을 만드는 상점들의 불빛. 전조등을 밝히고 한 줄로 차근차근 움직이는 미니카들의 행렬. 손바닥에 서너 개쯤 올려놓을 수 있을 것 같은 앙증맞은 건물들과 해안으로 이어지는 강물의 가는 곡선. 오너먼트로 장식된 크리스마스 기하학이라 해도 좋을까. 맑고 밝은 만월의 밤이었다. 비행기가 일정한 고도에 오른 후에도 지상의 윤곽은 그대로 눈에 들어왔다. 어둑한 산의 능선과 논밭의 희미한 구획선. 그 사이로 점점이 반짝이는 인형의

이제 양쪽에서

집들. 인형의 마을들.

흐뭇했다. 그런데 좀 외로웠다. 소속감과 소외감이 동시에 스쳐가는 이 기분을 뭐라 부르면 될까. 나의 삶도 저 빛 속에 있다. 누군가가 바라보는 밤 비행기의 창밖으로 내 방의 불빛도 저렇게 반짝이겠지. 아름답겠지. 그러나 지금 나는 상공에 격리되어 관조하고 있을 따름이다. 저 세계에서 배제되어 있다. 모형으로 도형으로 인형으로 축소되고 추상화된 저 아름다움을 삶으로 누릴 수는 없는 것이다. 소속된 동시에 소외되어 있는 듯한 이 두 겹의 마음으로 무얼 하면 좋을까. 나는 선물 상자를 떠올렸다. 선물을 하고 싶다. 반짝이는 저 어여쁜 세계를. 조그맣고 소중한 사람에게. 아이에게. 곁에 아이가 있으면 좋겠구나.

그날 나는 동생의 아이인 조카를 머릿속에 그렸던 것 같다. 선물 상자를 받아 든 그 아이의 표정을 상상했을 것이다. 아이의 눈부신 말과 행동과 표정에 나는 자

신해욱

주 가슴이 두근거리곤 했다. 크림빵의 크림이 잔뜩 묻어 있던 보드라운 입술. 복숭아 한 상자를 사겠다며 과일 가게 주인에게 5백 원짜리 동전을 내밀던 작은 손바닥. 소리가 들려요, 맨홀 뚜껑에 귀를 대고 저 밑의 세계에만 골똘하게 몰두하던 표정. 물 화! 불 수!《마법천자문》의 한자들을 엉망으로 외우며 흔들어대던 엉덩이. 이모, 이 빠질 때 나는 피가 제일 맛있는 거 알아요? 늦게 빠진 앞니를 자랑하던 목소리.

아이의 젖니 하나는 내 서랍에 보관되어 있다. 하나만 줄래. 내가 손을 내밀자 아이는 딱 하나만 줄 거라며 하나만 주었고 동생과 나는 아이의 젖니를 보며 회상에 잠겼다. 우리는 지붕에 던졌었잖아. 화단에 묻은 것도 있는데. 실 한쪽을 이에 묶고 반대쪽을 문고리에 묶고 아버지가 문을 잡아당겼었지. 그 젖니들은 다 어떻게 되었을까.

어딘가에는 있을 것이다. 빠진 이는 썩지 않으니까. 그날 밤 비행기 안에서 내려다본 지상 어딘가에. 인형의

이제 양쪽에서

마을 어딘가에.

내 방의 마그네틱 보드에는 유년기의 사진 한 장이 붙어 있다. 왼쪽이 나이고 오른쪽이 동생이다. 대략 내가 다섯 살, 동생이 네 살 때쯤일 것이다. 이 사진에 대한 나의 애착은 한쪽 소매 끝에 삐져나온 내복에 있다고 오랫동안 생각해왔다. 지금은 사진 속 어린 동생의 입술에 시선이 머문다. 윗입술 아래 가지런히 드러난 젖니를 물끄러미 보게 된다. 아이가 있으면 좋겠다. 그날 밤 비행기 안에서 막연히 스치던 생각 속에 나는 젖니가 있는 동생을 떠올렸던가. 옷을 물려 입고 신발을 물려 신던 어린 동생에게 인형의 집을 선물하고 싶었나.

젖니는 남고 젖니의 시간은 간다.
사진 속 어린 동생은 엄마가 되었다. 어린 언니는 이모가 되었다. 빠진 젖니 하나를 이모에게 건네던 아이는

신해욱

이제 양쪽에서

사춘기 소년이 되었다. 그리고 아이의 엄마인 동생은 투병을 시작했다.

2

— 냉장고에 K 있어.

— 어?

— k.

— 그게 뭐야?

— 케이크. 케이크 있다구.

동생은 그제야 고개를 끄덕인다. 오랜만에 빙그레 웃는다.

우리는 청각보조 앱으로 대화한다. 음성을 자막으로 변환해주는 앱이다. 기계는 기대 이상으로 빠르고 정확하게 말소리를 글자로 옮긴다. 그래도 실수가 많다. 앱 활용에 익숙하지 않은 내 발음도 문제다 '케잌'이

신해욱

라고 했더니 기계는 종성을 알아듣지 못하고 로마자 K와 k로 한 번씩 옮겼다가 '케. 이. 크.' 한 음절씩 또박또박 소리 낸 후에야 필요한 단어를 태블릿 화면에 띄운다.

허리와 골반의 통증에서 시작된 동생의 증상은 두통으로 번졌고 그다음엔 눈, 그다음엔 귀로 이어졌다. 부활절을 앞두고 입원을 했다. 이번 부활절엔 세례를 받는다고 했는데 성당에 가지 못하고 병원에서 각종 검사를 받은 후 침통한 결과를 통보받았다. 약을 쓰면서 통증은 얼마쯤 완화되고 시각도 회복의 기미를 보이는데 청각만은 좀처럼 돌아오지 않는다. 들리지 않으니 목소리는 크고 발음은 미세하게 뭉개진다. 진단을 받은 후 각종 정보를 검색하면서 치료 방법과 예후, 통증, 부작용 등에 대해서는 각오를 다졌지만 소리가 들리지 않을 줄은 몰랐다. 의사도 환자마다 전이 부위와 증상이 천차만별이라고만 할 뿐 뾰족한 답을 돌려주지 못한다. 한 달 전만 해도 통화로 안부를 물었는데. 이럴

이제 양쪽에서

수가 있나.

우리는 허둥거렸다. 입술 모양과 손짓으로 전할 수 있는 말은 많지 않았다. 필담은 더뎠다. 전화 통화는 불가능했다. 채팅 활용에는 한계가 있었다. 그러다 건너 건너 이런 게 있다더라, 는 말을 듣고 앱을 설치했다.

— 와, 애 똑똑한데?

즉석에서 척척 말을 받아쓰는 걸 보며 나는 감탄을 이어간다. 똑똑한 녀석이 실수를 하니 귀엽기까지 하다. '10분이'라고 했더니 '시금치'라고 옮긴다. '못 오신대'라고 했더니 '모두 옷인데'라고 한다. 인터넷 밈으로 떠돌면 딱이겠군. 그러나 똑똑하고 귀엽다는 생각을 하는 건 들은 말과 옮겨진 글자들을 비교할 수 있는 나뿐이다. 요령부득의 문장을 맞닥뜨려야 하는 동생은 난감하고 쓸쓸한 표정이다.

— 이런 게 있었구나. 모르고 있었어.

신해욱

모르고 있었다. 그동안은 모르고 살아도 되었다. 불편하지 않은 세계에서 사람은 무지한 줄 모른 채로 무지의 자유를 누린다. 이제는 그럴 수 없다. 모르던 세계로 우리는 들어와 있다. 아니다. '우리'라고 할 수는 없을 것이다. 모르던 세계로 들어선 건 동생뿐이다. 나는 동생이 듣지 못한다는 걸 자주 잊고 마스크를 쓴 채로 말한다. 뒤돌아선 채로 이름을 부른다. 가족과 함께 있어도 동생은 소리가 사라진 세계에 외따로 고립되어 있다.

〈코다〉(2021)라는 영화를 보았다. '코다'는 농인 부모 사이에서 태어난 청인 자녀를 이르는 단어인데 주인공인 루비가 그런 사람이다. 가족 중 유일한 청인인 루비는 노래하는 걸 좋아한다. 하필 농인 가족들과 나눌 수 없는 영역이다. 영화 속에서는 딱 한 번 농인인 부모의 시선으로 루비가 노래하는 모습을 보여준다. 움직이는 입술. 마음이 실린 눈빛. 사운드는 없음. 동생의 세계도 저럴까. 루비가 오디션에서 부르는 노래는 조니 미

이제 양쪽에서

첼의 〈이제 양쪽에서(Both Sides Now)〉다. *이제 삶을 양쪽에서 보게 됐어. 소리가 있는 쪽에서. 또 없는 쪽에서.* 동생은 그렇게 되었을까. 나는 그렇지 못하다. 공유될 수 없는 양쪽이 있다는 걸 실감할 따름이다.

강아솔의 노래를 듣고 있다. 곧 나올 앨범에 실릴 미완성인 곡들이다. 완성되지 않은 것들, 채워져야 할 빈 데가 있는 것들에 나는 자주 매료되곤 한다. 이 곡들도 그렇다. 녹음은 소박하다. 목소리와 숨소리는 따뜻하다. 읊히다 만 가사 뒤로 허밍이 이어진다. 눈을 감는다. 함께 듣자고 하고 싶은데. 동생에게 이 노래들을 들려줄 방법이 지금은 없다.

3

— 컬러 비도 온대.
앱에 저장된 어제의 대화를 훑어본다. 당근, 토마토,

신해욱

브로콜리, 양배추, 무, 좋다는 식재료들을 주워섬기던 차에 '콜라비도 좋대'라고 했더니 기계는 컬러 비도 온다고 옮겨놓았다. 컬러 비. 알록달록 색색의 비. 보라색 채소 콜라비 말고 그것도 좋겠지.

밖에는 비가 온다. 오랜만이다. 바싹 마른 세계가 흡족히 젖고 있다. 도로의 흰 선, 노란 선, 파란 지붕, 빨간 우산, 초록의 가로수, 사물의 색이 짙어진다. 그러니 모든 비는 컬러 비라고도 할 수 있겠지만 그것 말고 총천연색 무지개 비, 치유의 단비 같은 것이 어딘가에서 내리고 있다면.

4

6월이다. 해가 길다. 광역 버스의 창밖으로 녹색의 산야가 펼쳐져 있다. 시간 감각이 뒤틀린다. 어제의 일은 일주일이 지난 것처럼 멀고 두 달 전은 엊그제처럼 가깝다. 신록의 연한 색이 지 산에 베일처럼 가볍게 얹

이제 양쪽에서

혀 있었는데. 깊군. 어느새 이렇게 깊다. 움직이는 녹색의 깊이. 깊어지는 깊이. 블랙홀이나 화이트홀이 있다면 그린홀도 있지 않을까. 유년으로 통하는 무한한 깊이의 녹색 구멍 같은 것. 우리는 깊이깊이 들어갔다. 굴을 파듯이 이불 속으로 들어갔다. 여름이었고 홑이불은 얇고 바스락거렸는데 그러면서도 구불구불 이불 속은 길고 깊었고. 잠지를 만질까. 우리는 낄낄거렸다. 깊었으니까. 우리만 있었으니까. 늘 붙어 있던 시절.

― 언니. 할머니가 보고 싶다.
요즘 동생과 나의 대화는 자주 유년 시절로 거슬러 올라간다. 그러다 보면 할머니에 대한 기억을 나누지 않을 수 없게 된다. 밀가루 반죽을 밀대로 밀고 착착 접어 칼국수 면을 썰던 할머니의 손. 군용 담요 위에 펼쳐져 있던 할머니의 화투. 할머니가 묶어준 엉성한 머리. 그 머리로 집을 나설 때면 앞집 여자애의 쫀쫀하게 땋은 '디스코 머리'가 얼마나 부러웠는지. 맞아. 보고

신해욱

싶다. 나도 그래. 하지만 아직은 아니지. 보고 싶어 하면 안 되지. 나는 앱을 통해 말을 전하지는 않고 속으로만 중얼거린다.

— 많이 아프셨을 거야. 내가 이러니까. 지금에야 그런 생각이 드네.

우리의 이야기는 할머니가 투병하던 시간으로 옮겨간다. 시름시름 앓던 할머니는 병명과 병기를 알게 된 후 3개월 정도 지내다가 돌아가셨다. 그때는 마냥 슬펐지. 할머니가 이 세상에 없을 거라고 생각하면 눈물을 참을 수 없었고. 그런데 그건 내 마음이었고 내 슬픔이었고 할머니가 겪는 통증이나 고통을 헤아려보지는 못했어.

나도 그랬다. 모종의 거리가 있었다. 나이가 많으셨으니까. 쇠약해지고 계셨으니까. 그 병이 아니더라도 언젠가 한 번은 겪어야 할 일이란 생각이 부지불식간에 스쳐갔을 것이다.

돌아가시기 한 달 전, 할머니를 돌보던 엄마를 집에 보

이제 양쪽에서

내고 동생과 함께 이틀간 병실을 지킨 적이 있다. 할머니는 할머니의 살갗 안에서 점점 쪼그라들고 있었다. 이목구비에 낯선 표정이 서렸다. 폐와 기도는 호흡법을 잊고 구강과 식도는 식음의 방법을 잊은 것 같았다. 막혔던 숨을 토하듯 한꺼번에 몰아쉬느라 입안이 마르고 헐고 트고 혓바닥에 각질이 일었다. 밤이 되자 할머니는 10분마다 요의를 호소하며 침대를 떠나려 했다. 간병의 기술이 없는 우리는 둘이었는데도 힘에 부쳤다. 등을 다독여 다시 눕히려 하면 할머니는 어디서 나오는지 알 수 없는 완강한 힘으로 침대 난간을 붙잡고 버텼다. 오줌이 마려워. 변소에 가야겠어. 몸을 가누지 못하는 노인은 무거웠다. 동생은 겨드랑이에 팔을 넣어 붙잡고 나는 환자복을 내린 다음 간이소변기에 앉게 했지만 10분마다 배출될 액체가 방광에 쌓였을 리 없었다.

할머니를 달래다가 한 번은 선 채로 잠이 들었다. 빙그르르 안구가 돌아가는 느낌을 받았다. 반 바퀴 180도를

신해욱

돌아 눈동자는 뒤통수 쪽에서 꿈틀거리는 이상한 형상에 닿고 귀에는 이쪽의 부스럭거림과 동생의 애원하는 목소리가 들렸다. 할머니. 우리 그냥 기저귀에 하자. 안구는 곧 나머지 반 바퀴를 마저 돌아 원래의 자리로 왔다. 눈꺼풀이 닫혀 있었다. 졸았다는 것을 깨달았다. 눈을 떴다. 모르핀에 취한 얼굴이 보였다. 할머니의 눈동자는 무언가를 향해 있었다. 먼 데가 아닌 여기, 여기의 무언가, 그러나 여기에는 없는, 여기가 아닌 다른 여기에 있는 무언가였다. 졸음에 취해 안구가 반 바퀴를 돌았을 때 내가 본 것이, 할머니가 보고 있는 무언가와 비슷할까 하는 생각이 스쳤다.

섬망이에요. 다음날 회진을 온 의사가 노인 환자들에게 나타나는 전형적인 증상이라고 알려주었다. 밤낮이 바뀌어요. 낮에는 잠에 취해 있다가 밤이 되면 반짝 깨어나 환각 환청에 시달리죠.
섬밍. 섬망이 이런 거구나. '섬망'이라는 단어를 나는

이제 양쪽에서

스무 살 무렵 도스토옙스키의 소설을 읽으면서 처음 접했다. 사전을 찾아봤지만 설명이 추상적이라 어떤 증상을 특별히 일컬어 섬망이라고 하는지 감이 잡히지 않았다. 소설 속에는 섬망 말고도 모르는 단어가 많았는데 왜 하필 그 단어에 붙잡혔을까. 어떤 말들은 뒤늦게 도착한다. 20년이 지난 후에. 또 몇 년이 지난 후에. 도스토옙스키의 소설을 읽고 두꺼운 종이책 사전을 펼쳐 '섬망'을 찾아보던 나는 건강한 할머니와 함께 살고 있었다. 의사의 설명을 통해 할머니의 증상이 '섬망'임을 알게 되던 나는 건강한 동생과 함께 있었다.

5

할머니. 테레사를 지켜줘.
신도석에 앉아 기도를 한다. 아멘. 할머니에게 기도를 한다. 신부님의 후의로 동생은 부활절 미사 때 받지 못한 세례를 따로 받게 되었다. 성당은 좋다. 어느 성당

신해욱

이라도 좋다. 흰 미사포를 쓴 여자들의 뒷모습. 빛을 받는 스테인드글라스. 성모와 아기 예수. 성대를 통하지 않고 어딘가 깊은 데로부터 본당에 바로 울려 퍼지는 것 같은 신부님의 목소리. 이 모든 것이 좋지만 나는 하느님에게도 예수님에게도 성모님에게도 기도를 올리지 못한다. 종교에 의탁하지 못한다. 내 마음이 무조건의 감사를 담은 기도보다 안위를 향한 기복祈福에 가깝기 때문일지도 모른다. 십자가의 예수님을 바라보면서도 내가 부를 수 있는 건 할머니뿐이다. 이래서 옛사람들이 조상신을 모셨나 싶다.

금색 주전자 안의 성수가 주둥이로부터 동생의 머리로 흘러내린다. 신부님이 축성의 성유를 손가락에 찍어 동생의 이마에 발라준다. 성체를 입에 넣어준다. 동생은 테레사라는 이름을 받는다. 새로 태어난다. 영원한 생명을 얻는다. 나는 액면 그대로 믿는다. 믿을 수 있다.

이제 양쪽에서

— 아주 잠깐이었는데.

세례를 받고 나온 테레사가 속삭인다.

— 들리는 것 같았어. 신부님 말씀이.

속삭이려는 목소리는 크다. 앞마당에 낭랑하게 울린다.

— 귀가 열린 줄 알았는데. 착각이더라고. 하하.

착각인 걸 깨닫고서도 테레사의 얼굴은 환하다.

— 바람이 좋네.

바람이 좋다.

— 잎들이 무성하네.

잎들이 무성하다.

— 바람에게 감사하자. 나무에게 감사하자.

바람에 쓸리는 포플러 잎들이 파도 소리를 낸다.

테레사는 하늘을 본다. 하늘은 맑고 높다. 희고 푹신한 구름이 흘러간다. 구름을 따라 테레사의 눈은 이동한다. 아무도 없는 곳에서. 아마도 모두가 있는 곳으로.

노래가 되기까지

한정원

한정원

산문집 《시와 산책》, 시극집 《사랑하는 소년이 얼음 밑에 살아서》 등이 있다.
묵음을 사랑한다.

나는 소리이다. 세상에 존재하는 모든 것은 소리를 낸다. 스스로 소리를 선택하지 않는 존재들은 소리에게 선택받는다. 소리와 결속되는 것이 존재의 운명이다. 파도는 파도가 거기 있다고, 울음은 울음이 거기 있다고, 뼈는 뼈가 거기 있다고, 종이는 종이가 거기 있다고 기척을 낸다. 부싯돌 사이에서 태어나는 불꽃처럼, 존재의 마찰에서 소리는 불거져 나온다.
뜻밖의 등장, 눈부심, 뜨거움.
때때로 소리는 자신을 탄생하게 한 존재들을 도리어 흠칫 놀라게 만든다. 존재라고 해서 자신에게 찾아올 소리를 온전히 예측할 수는 없기 때문이다.
소리는 미래이다. 소리는 늘 빗나간다. 반듯한 요람 안에 가두어지지 않는다.

소리는 일종의 유령이다. 몸 없이, 낮고 높은 곳에서 떠도는 것. 분명 스친 것 같아 뒤돌아보면 없는 것. 잠긴 문도, 두꺼운 벽도, 심지어는 환幻의 세계도 관통할

노래가 되기까지

수 있는 것.

소리가 갈 수 없는 곳은 없다. 날개는 없지만 날개를 빌릴 수 있다. 발은 없지만 발을 빌릴 수 있다. 지느러미는 없지만 지느러미를 빌릴 수 있다.

그리하여 어느 날 소리는 인간의 목 안으로도 들어간다. 아늑했기에 백 일, 천 일을 머물고 그곳을 떠나지 않기로 한다.

*

나는 목소리이다. 다른 수많은 목소리가 나를 둘러싼다. 그 목소리들은 따뜻하게 데워진 물과 같다. 나는 둥둥 떠서 씻긴다.

목소리는 자란다. 목소리는 넘어진다. 목소리는 글자를 천천히 익힌다. 글자와 글자를 이어 긴 글자를 만든다. 긴 글자로, 목소리는 다른 목소리를 부를 수 있다. 벌판에서, 창 밑에서, 나무 위에서. 남쪽에서 북쪽까지

한길원

선분을 그을 수 있다. 선분을 따라 내달려갈 수 있다. 부름에 반드시 응답이 오지는 않는다는 걸 알게 된다. 목소리는 기다린다. 기다린다. 기다린다. 사전에는 그게 '그리움'이라고 적혀 있다. 목소리는 그 글자를 단번에 왼다.

목소리는 숨바꼭질을 좋아한다. 목소리가 숨으면 찾아내기 어렵다. 목소리가 숨으면 수월하게 밤이 온다. 그래도 목소리는 술래에게 발각되기를 바란다. 바라다가 잠이 든다. 그런 잠이 이어진다.
뭔가 목소리를 흔든다. 목소리는 푹 잠겨 있다가 깨어나 큼큼. 큼큼. 그러고는 딸꾹질. 목소리는 묻는다. "나-목소리가 꺽, 여기 숨은 걸 어 꺽, 떻게 알았어 꺽?"
목소리를 찾아낸 술래, 너-목소리가 대답한다. "어둠 속에서 반짝이더라. 너만."

노래가 되기까지

나-목소리는 너-목소리를 오래 응시한다. 너-목소리는 파도를 뒤집어쓴 모래알처럼 젖어 있고 명랑하다. 백 개의 소리에 둘러싸여도 나-목소리는 너-목소리를 구별할 수 있다.

너-목소리는 분열한다. 모든 곳에 존재한다. 너-목소리는 솟은 뼈다. 어김없이 걸려 넘어진다.

나-목소리는 너-목소리의 높낮이, 윤기, 작은 버릇까지 흉내 내기 시작한다. 닮고 싶어서. 같아지고 싶어서. 너-목소리는 그게 좀 웃기다. 물속을 유영하는 모래알처럼 흐드러지게 웃는다. 너-목소리가 웃으니 나-목소리도 웃는다.

두 목소리는 엉킨다. 엉킨 채로 동쪽도 가고 서쪽도 간다. 엉킨 채로 앓고 회복한다. 사전에는 그게 '사랑'이라고 적혀 있다. 나-목소리는 그 글자를 사전에서 찾아보지는 않는다.

한정원

*

나 - 목소리와 너 - 목소리는 함께 살아갈 집이 필요하다. 둘에게는 몸이 없으므로, 나무나 벽돌로 지은 집을 의미하지는 않는다. 누군가 일러준다. "관계란 두 사람이 함께 지어서 그 속에서 살기로 정한 이야기"▲라고. 그리하여 나 - 목소리는 이야기를 짓는다. 너 - 목소리는 그 이야기에 다른 이야기를 잇는다. 둘은 이야기 마루를 깔고 이야기 지붕을 얹는다. 이야기 창을 낸다. 이야기 주변에 단풍나무를 심는다. 이 일은 아주 오래 걸린다.

나중에 완성된 이야기를 둘러보며 나 - 목소리는 실감이 나지 않는다. 질문이 많아진다. '이 이야기는 허구일까, 실재일까. 이 이야기는 어디에서 비롯한 걸까? 이야기를 지은 것은 우리이지만, 실은 이야기가 우리

▲ 리베카 솔닛, 《길 잃기 안내서》 (김명남 옮김, 반비, 2018)에서.

노래가 되기까지

를 지은 게 아닐까.' 어디에서도 답을 찾을 수 없어서, 그 질문들은 곧 잊힌다.

둘은 이야기의 입구에 문패─〈공정함과 너그러움과 사랑 속에서 기거하려는 의지〉─를 단다. 나-목소리와 너-목소리는 그 속에서 날마다 새로워진다. 날마다 새삼스러워진다.

아침과 저녁이 온다. 바람과 번개가 지나간다. 비와 눈이 스며든다. 지붕이 약간 기운다. 창틀이 내려앉는다. 마루가 퇴색한다. 이야기에 틈이 생긴다. 잡초가 침범한다.

나-목소리는 이야기를 수선한다. 너-목소리는 이야기를 꿰맨다. 공정함이 달라진다. 너그러움이 달라진다. 사랑이 달라진다.

한정원

*

나는 그림자이다. 사랑하는 목소리의 그림자이다. 사랑하는 목소리를 잃은 그림자이다. 그림자가 없는 날의 그림자이다.

그림자는 주인 없이 홀로 움직일 수 없으므로, 나는 정지한다. 펼쳐진 나는 거두어지지 못한다. 사라지지도 살아가지도 못한다.

*

누군가 이렇게 일러준다.

단풍나무 가지로 피리를 만들어 불면, 여기 없는 이의 목소리가 들린다고. 그리운 목소리가 있다면 피리를 불라고.

피리는 속이 빈 관에 구멍이 몇 개 뚫린 생김새. 공허에 숨구멍을 내어, 슬픈 사람의 허파와 내통하게 하는

노래가 되기까지

원리. 피리의 소리는 구멍의 소리. 구멍과 구멍이 같은 꿈을 나누어 갖는 소리.
단풍나무 가지가 수없이 베인다. 피리가 수없이 깎인다.
너-목소리를 한 번이라도 다시 들을 수 있다면.

그러나 목소리는 흔적이나 단서를 남기지 않는다. 목소리의 사라짐은 무결한 사라짐이다. 무결한 적요이다.
너-목소리가 종적을 감춘 후, 나-목소리는 벌을 받은 '에코'처럼 누군가의 마지막 말만 되풀이한다. 메아리가 된다. 외톨이가 된다. 너-목소리 대신 나-목소리만 돌아오고 돌아온다. 나-목소리는 너-목소리의 부재를 일깨우고 일깨운다. 되풀이. 되풀이.
머지않아 나-목소리는 혼잣말을 멈춘다. 목소리의 목을 댕강 친다. 소리만 남는다. 유령만 남는다. 기거할 장소를 찾지 못한 것들의 삐걱거림만 남는다.
이제 그 집은 몹시 춥다. 침묵 가운데에서도 입김이 새어 나온다 기억에 성에가 붙는다.

한길원

나는 스러져가는 이야기 집을 마지막으로 둘러본다. 문패 앞에서 오래 생각한다. '허름하구나, 의지라는 건. 내가 이야기를 떠나는 걸까, 이야기가 나를 떠나는 걸까?'
그리고 빈집을 등 뒤에 두고 멀리 간다. 멀리 간다. 충분히 멀어지고 나서 한번 뒤돌아본다. 이미 집은 온데간데없다. 앙상한 가지의 단풍나무 한 그루만이 그 자리에.

*

히브리어의 첫 번째 철자인 알레프는 누구도 발음할 수 없다. 그것이 묵음이기 때문에.
묵음. 소리 나지 않는 음. 소리 나지 않는 소리. 검은 소리.
묵음은 슬픔의 처소이다. 실어失語가 모여드는 곳이다. 세상에 슬픔과 상실이 있는 한, 묵음은 쓸모가 있다. 다

노래가 되기까지

행이어라. 말하지 않아도 되는 작은 세계. 소리에게서, 말에게서, 힘껏 달아나라. 그것들은 슬픔에 무지하다. 나는 묵음과 묵음을 이어 긴 침묵을 만든다. 침묵을 주머니에 넣고 검은 호수 속으로 뛰어든다. 슬픔을 따라서. 헤엄친다. 슬픔을 따라서. 슬픔의 아가미는 크고 넓다. 물밑에 오래 가라앉을 수 있다. 백 일, 천 일을 머문다.

*

꿈이다.
어느 소리. 소리가 보인다. 소리는 조개처럼 생겼다. 물결이 만든 겹이 껍데기를 덮고 있다. 조개의 겹은 나무의 나이테와 같아서, 시간이 얼마나 흘렀는지 보여 준다.
조개처럼 생긴 소리가, 맞닿은 껍데기를 입술인 양 열고 모래알을 흘려보낸다. 나는 흔들린다. 가까이, 조금

한정원

더 가까이 간다. 그럴수록 나는 세게 흔들린다. 익숙한 파동, 익숙한 윤기, 익숙한 명랑함. 너 - 목소리.
물결은 오선이다. 분분히 흩어지는 모래알은 음표이다. 나의 흔들림은 가사이다.
나는 너를 부르기 위해 다시 입을 연다. 큼큼. 큼큼. 갈라지는 목소리 사이로 솟구쳐 오르는 물방울. 물방울. 꿈이다. 꿈이 아니다.

*

그리하여 나는 노래이다. 노래는 소리이고, 목소리이고, 이야기이다. 노래는 그림자이고, 묵음이고, 알레프이다. 노래는 꿈이고, 꿈이 아니다. 소리를 내는 존재의 차마 소리를 내지 못하는 마음까지가 노래이다.
노래를 부른다는 건, 저 모든 것을 한데 불러 모으는 일이다.

노래가 되기까지

노래는 아무도 없는 곳에서 모두가 있는 곳으로 흘러나온다. 그리고 자신과 같은 운명을 찾아다닌다. 사랑하는 이. 잘 숨고 잘 발각되지 않는 이. 기다리는 이. 검은 호수에 뛰어드는 이, 기어코 무언가에서 너ㅡ목소리를 찾아내고 마는 이.

노래는 그 몸을 빌린다. 그 몸에 단풍나무를 심는다.

물결과 별

김현

김현

시집 《글로리홀》《입술을 열면》《호시절》《다 먹을 때쯤 영원의 머리가 든 매운탕이 나온다》《낮의 해변에서 혼자》《장송행진곡》, 소설집 《고스트 듀엣》, 산문집 《걱정 말고 다녀와》《아무튼, 스웨터》《질문 있습니다》《당신의 슬픔을 훔칠게요》《어른이라는 뜻밖의 일》《다정하기 싫어서 다정하게》 등이 있다.
이제 당신 목소리를 듣고 싶습니다. 그 목소리에 힘껏 기대어보겠습니다.
별이 우리를 찾을 때까지.

아침에는 비가 오면 좋겠다고 생각했다. 연일 무더위가 이어져서라기보다는 이불 속에서 눈을 감고 빗소리를 듣고 싶어서였다. 분명히 소리이긴 하나 소리가 아니라 속삭임이라 부르면 더 좋을 비의 움직임을 상상하며 몸과 마음을 편안히 내버려 두고 싶었다.

'뭔가 잘못된 것 같다.'

듣고 싶지 않은데도 들리고야 마는 소리가 마음 깊숙한 곳에서 메아리치는 때가 누구에게나 있을 것이다. 마음이 소란한 나날이다……. 사람 때문이다. 사람 때문에 마음은 언제든 소란해지고 또 언제 그랬냐는 듯 잠잠해진다는 걸 알면서도 여전히 사람이 참 어렵다. 사람이 곧 사랑이기도 할 터. 사랑 때문에 일렁이는 마음을 떠올려본다. 잔물결, 잔물결, 잔물결. 마음에서 물결이 끊임없이 일어서 속눈썹이 떨리고, 입술이 떨리고, 말이 떨리던 순간을 기억한다. 떨림이 없는 사

물결과 별

랑, 떨림이 없는 사람을 아파하며 누군가는 눈물을 떨어뜨리기도 하겠지. 그러니까 눈물을 떨림이라고도 부를 수 있겠다.
언젠가 한 사람을 향한 떨림을 시로 적었다▲(그러니 또한 시가 떨림이고).

    제주에 가서 보았네
    아름다워서

    반짝인다기보다는
    반짝여서 아름다운

    잔물결 잔물결 잔물결

    모두 거기 앉아서
    눈을 감고 뜨며 삶을 음미하네

김현

찻잔에 부딪히는 신의 티스푼 소리에

귀를 기울이듯이

잠시,

우리가 해변에 앉아

한 손 위에 한 손을 포개며 바라는

바라보는 것은 언제나

사람에게 상처받았다가 아니라

상처를 얻었다고

쓰는 마음

결국에는 울게 되어도

지금 웃는다는 게 아름답다

잔잔하게 울려 퍼지다

한순간 사라지고 마는

물결과 별

잔물결 잔물결 잔물결

여러 사람이 한낮의 해변에 나란히 앉아 보았던 물결을 똑같다고 할 순 없을 것이다. 같은 물결에도 모두 다른 마음을 실어 보냈을 것이기에…….
햇살을 받아 반짝이며 퍼지는 윤슬을 보면서 나는 한 사람을 떠올렸다. 보고 싶은 사람이었고, 보고 싶지 않은 사람이었다. 마음의 물결이 금실금실하여 누구에게도 말 걸지 않고 해변에 앉은 채 시간을 죽였다. 어떤 이는 그런 내 뒷모습을 사진에 담았다. 그 사진을 볼 때마다 내가 본 것이 무엇인지 자문한다. 사진을 찍은 이에게 무엇을 보았느냐고 묻지 않았다. 말하고 싶지만 말할 수 없는 것. 그런 걸 품고도 우리는 산다. 물결이 일었다가 잠잠해지듯.

▲ 김현, 〈잔물결〉

김현

(어떤 문장이 그렇지 않겠느냐마는) 물결이든 마음이든 무언가가 '인다'라고 끝나는 문장에는 선율이 흐르는 것 같다. 물결이 인다, 하고 소리 내어 읊으면 물의 유동을 따라 한 사람(나)의 마음을 헤아리는 사람이, 풍경이 머릿속에 선연히 그려진다. 그는 홀로 앉아 누구도 들을 수 없게 그러나 누군가는 꼭 들어주길 바라며 속삭인다(자기에게 속삭일 수 있는 사람은 행복한 사람이다).

"물결이 인다, 물, 결이 인다, 물결이, 인다, 물결이 인-다."

말은 물결이고 속삭임은 말의 잔물결이다. 그 내밀한 파문 끝에는 무엇이 있을까?
당신의 대답이 곧 현재 당신의 마음. 그렇지 않을까?
나는 침묵이라고 답하겠다. 때론 귀를 막아야 들리고, 눈을 감아야 보인다. 오래 귀를 기울여야 '보이는' 것

물결과 별

이 있고, 오래 보아야 '들리는' 것이 있다.

다음은 어느 날의 일화이다.
긴 장마가 끝나고 길가 여기저기에 물웅덩이가 생겨났다. 출근하다가 그 고인 물에 비친 풍경을 보았다. 물에 비치는 것들은 왜 깨끗해 보일까? 일순 빛이 스쳐 지나갔다. 불현듯 궁금했다. 물에 비친 깨끗한 사랑. 더러워진 사랑을 깨끗하게 만들 수 있는지를 생각했다. 마음을 쓸고 닦고 깨끗하게 하며 살아야지 싶었다. 사랑에 관해 헤아리면 잘 살고 싶어진다. 잘 살고 있는지 궁금해진다. 잘 살자고 속삭여주고 싶다. 마음의 물웅덩이에 비친 '내 – 네' 얼굴을 응시했다.
사랑의 수면 아래에는 무엇이 있을까?

*

낮에는 길을 걷다가 창가에 놓인 작은 화분을 올려다

김현

봤다. 화분에는 이름 모를 식물. 주홍빛 꽃 세 송이가 피어 있었다. 넋 놓고 봤다. 거기 무엇이 있기에……. 분재 식물은 온전한 자연은 아니므로 저 아름다움은 식물의 힘으로만 이룩된 것은 아닐 테다. 뭔가를 가꾸는 삶에 관해 생각했다. 집이나 마당을, 상추나 오이를, 몸과 마음을, 영혼과 정신을, 꿈과 희망과 아름다움, 기쁨과 슬픔, 인간과 비인간을 그리고 사랑을. 무엇이든 함부로 여기지 않고 보살피는 태도가 몸에 밴 사람을 보면 겸손히 머리를 숙이게 된다. 근래에 나는 무엇도 잘 가꾸지 못하며 살고 있다. 사는 것 같다. 나 자신까지도. 아니 나 하나를. 나를 먼저 매만지고 아껴야 남도 소중히 여길 텐데. 서글프구나, 삶이란, 하며 고개를 가로젓는 날이 많아졌다.

그러나 그렇다 해도(!) 모쪼록 열심히 가꾸는 사람이 되고 싶다고 매일매일 바란다. 바람을 자주 품으면 바람에 따라 나부끼는 사람이 되지만, 나부끼다 보면 어느새 바람은 잠잠해지고(이루었는가와는 상관없이)

물결과 별

또 다른 바람을 품게 된다. 그것이 또한 산다는 것. 그런 의미에서 최근 나는 자연의 황홀을, 인간이 아닌 다른 종의 아름다움을 소개하는 인스타그램을 팔로우했다. 장엄한 눈보라와 작디작은 송아지의 눈망울을 동시에 보며 감탄했다. 마음에 눈보라를 풀어놓고 송아지를 키우는 삶은 어떨까? 마음의 텃밭에 고구마, 감자, 가지를 키우며 그 생명력으로 글을 쓰라던 한 작가의 말을 간직하고 있다. 죽음의 기운을 몰아내고 생명력을 길러야지.

시나 노래에 깃든 생명의 기운을 감지하면 연보를 살피듯 자연스레 '시 – 노래'를 가꾸는 사람의 마음을 헤아려보게 된다.

이 사람은…….

음악으로 삶을 가꾸는 사람, 달리 말하면 음악 때문에 삶이 망가지는 사람, 다시 말하면 음악이 있어 사는 사람. 그는 한밤중 어떤 감정에 휘감기고 무너진다. 다시 일어서기 위해서 책상 앞에 앉아 그 책상을 밤의 욕조

김현

로 상상한다. 자신을 그 속에 내버린다. 빠져버리려고. 죽지 않을 만큼만. 그 상상을, 혼자됨을, 고독을, 그 몽유의 밤을 빌미로 그는 항변할 것이다. "우리의 삶이 있지. 그러나 너의 삶과 나의 삶도 있어. 우리를 위해 너를, 나를 무너뜨릴 순 없어." 마치 연인에게 말하듯이. 빛이 어둠에 대답하듯이. 어둠이 침묵으로 답하듯이. 꼭 노래를 짓고, 글을 쓰는 사람이 아니더라도 내 마음에서 이는 소리를, 그 소리 때문에 내가 나에게 속삭이는 혼잣말을 잘 기록해두어야 한다. 그 '씀'이 어느 순간 한 번 더 애쓰며 살게 하는 힘이 되기 때문이다. 그것만으로도 무너지고 있는 인간(나 자신)을 지탱할 수 있다.

마음은 와르르 무너지지 않는다.
마음은 상자가, 빈 상자가 아니다. 마음은 가꿀 수 있는 것이다.

물결과 별

마음에 식물을 품어본다. 사람의 마음은 식물이다, 하고 되뇌어본다. 동물이 식물을 하나씩 품고 있다는 상상은 평화롭다. 사자보다는 장미 한 송이를 품은 사자가, 표범보다는 밤나무 한 그루 자라는 표범이, 고양이나 개보다는, 사람보다는, 초원이 펼쳐지는 고양이, 개, 사람이 더 평온하고 화목하다. 식물을 가꾸듯이 마음을 가꾸자. 마음먹으면 정말 가꿀 수 있을 것 같고, 가꾸게 된다. 불에 탄 숲에서도 생명이 움트듯이. 사람이 자연에 속한 일부라는 것을 상기하면서 자연의 힘을 믿고 마음 텃밭 하나를, 마음 초원을, 마음 숲을 가꾸어나가는 것으로도, 그걸 노래하는 것만으로도 우리는 감히 사람일 수 있다.

다음은 한 사람을 위한 일화이다.
그날 저녁, 책을 파는 곳에서 〈서점은 열려 있어요〉라는 시를 읽었다.

김현

무엇이

어둠을 빛으로 바꾸는지 아세요?

거기서

지거든

여기로 오세요

꽃 피거든

꽃 지거든

기별을 넣지요

저는 멀리 보고 있답니다

당신이 가장 사랑하는 사람이

당신을 가장 사랑하지 않는다는 사실을

알려드릴게요

물결과 별

무엇이 우리를 바꾸어놓는지

그러기 위해 오늘 저는 책상 위 화병에

철쭉 가지를 꽂아두었습니다

어두컴컴한 책을 펼치면

세상 어떤 어려운 질문에도 대답할 수 있어요

가만히 내 낭독을 듣던 이가 속삭였다. "어떤 사람에게는 어둠이 빛이에요." "빛과 어둠은 하나예요"라고 깨우쳐주는 것 같았다. 고개가 숙여졌다. 수개월간 나는 그로부터 기쁨의 씨앗들을 얻었다. 그걸 한곳에 모아두고, 그 큰 것 속에 아직 움트지 않은 작은 희망의 싹이 숨어 있다고 믿었다. 언젠가 봉오리가 달리고 아름다운 꽃 세 송이가 피기를 바랐다. 그리고 그날 낭독회에서 나는 그 씨앗들이 빛으로만 이루어진 것이 아니라

김현

는 사실을 깨치곤 안도했다.
어두운 마음을 펼치면 세상 어떤 어려운 빛에도 대답할 수 있으리라.

*

밤에는 콧노래를 부르며 길을 걷는 사람을 봤다, 들었다. 보고 나니, 듣고 나니, 걷자, 혼자라도 좋다. 절로 마음이 산뜻해져서 나도 콧노래를 흥얼거리며 걸었다. 아니 걸어 나갔다. 걷겠다는 마음과 걸어 나가겠다는 마음은 같은 듯 다른 마음. 나아가는 마음이 훨씬 더 닿고자 하는 마음이다. 누군가와, 무언가와, 누구든지, 무엇이든지 간에.

'너와 닿고 싶어.'
걸어 나갈 때, 꼭 그러한 순간에 멀리서 희미하게 종소리가 들려온다. 헛것일지라도 진짜라 믿고 싶은 종소

물결과 별

리, 소리, 소리. 다른 소리보다 종소리를 들으면 마음에 동심원이 끊임없이 퍼진다. 죄를 고하기 위해서가 아니라 누군가의 앞날에 영광이 있기를 축원하기 위해서 기도하게 된다. 퍼지고 나아가서 만나는 마음. 그 포용의 귀함을 깨닫지 않고 오늘날을 건너갈 수는 없는 노릇이다.

그러나 마음의 동심원이 촘촘해서 땅만 보고 걷는 사람의 어깨를 토닥여줘야지 싶다가도 그 파장에 담긴 뜻을 다 해석할 자신이 없어서 눈을 질끈 감고 마는 것도 오늘날의 우리. 그러나,

만약 그런 순간에 누군가가 내 어깨를 두드려준다면, 나는 다시 사랑에 빠질 텐데……. 너와 닿을 텐데.

닿고 싶은 마음이 허밍이 되어 나오면 그 마음은 어디로까지 퍼져 나갈까? 허밍은 말의 수면 아래에서 올라오는 기포. 사랑이라는 말을 물방울로 옮기면 어떤 빛깔일까?

김현

걷다 보면,
물음표를 하나씩 터뜨리며 걷다 보면,

아무도 없는 곳에서 모두가 있는 곳으로, 모두가 있는 곳에서 아무도 없는 곳으로, 그 상태로, 발걸음을, 흐름을 멈추게 된다. 골몰하게 된다. 언제 마지막으로 너와 닿았는지. 묵상에 잠겨 다짐하게 된다. 돌아오게 해주세요. 무엇이? 떨림이…….
예전에는 얇은 수첩에 이루고 싶은 것들을 적고 하나씩 줄을 긋는 것으로 기쁨을 느꼈다. 그땐 웃는 얼굴이 아름다웠는데. 지금은 자주 웃진 않고 넋두리한다. 세상에 이토록 아름다운 것이 많은데 울상을 하고 있네. 거울을 보고 틈날 때마다 웃는 연습을 한다. 콧노래를 부르면서. 그러니까 이제 와보니 콧노래를 부르는 것이, 먹고 마시고 춤추고 읽고 쓰는 것만큼이나 중요하다. 그러니 콧노래를 부르면서 밤을 가로질러 가보자. 어제와는 확연히 다른 밤, 바람이다. 밤바람이다. 바람보

물결과 별

다 밤바람이 좋다. 밤이 붙으면 단어에 이야기가 생긴다. 밤비, 밤눈, 밤길, 밤이슬, 밤하늘, 밤소리……. 밤 뒤에 밤을 하나 더 붙이면 어떨까?

밤밤.

말을 만들면서, 쓰면서 살았던 삶을 돌아보며 종종 회한에 잠기는 때가 곧 찾아올 것이다. 허망할까? 그러나 밤과 낮이, 계절이 가고 온다는 것에서 위안을 얻었다는, 얻는다는 사실을 잊으면 안 된다. 계절이 또 한 번 달라짐을 느낄 때 찾아오는 미약한 기쁨을 저버리지 않고 숨을 크게 쉬는 것만으로도 미소가 절로 지어진다는 사실을.

내일은 잘 웃는 사람들을 만나기로 했다. 다정함과 행복감이 넘치는 사람들. 그들의 속사정을 모두 알 순 없으나 나는 그들에게 힘껏 기대고 있다. 그들이 내게 힘

김현

껏 기대길 바라면서. 지난봄 그들과 제주의 한 해변에 앉아 있던 시간이 스쳐 지나간다. 그날, 우리는 노래를 듣고 불렀다. 걸었다. 책을 읽었다. 기도했다.

그 크나큰 슬픔의 권능으로

인간의 어리석음을

바르게 다스려주소서

제주 4·3 희생자 북촌리 위령비에 적힌 이 문장을 알게 된 뒤로 나는 자주 슬픔의 권능으로 인간의 어리석음을 다스리소서, 읊곤 한다. 사람 때문에, 사랑 때문에, 소란한 마음이 잠잠해지길 염원하면서. 그 염원이 짧아졌다 길어졌다 해서 나는 이런 '작가의 말'을 적었다. 지웠다.

'살아 있음 그 자체가 아니라 살아 있도록 하는 것에 감사히는 삶이시길.'

물결과 별

나를 살아 있도록 하는 것.

밤에는 누구나 그런 것을 생각하며 숨돌려야 마땅하다. 숨을 돌리는 것은 몸 건강을 위하는 일이고, 마음 건강을 위하는 일이며, 정신과 영혼의 건강을 위하는 일이다. 그리고 분명코 사랑의 건강을 챙기는 일이기도 하다.

눈을 감고, 숨을 들이마셨다가 천천히 내뱉으면 밤물결이 일고, 밤바람이 불고, 밤노래 들린다. 그 허밍에 닿는다. 밤은 더욱 깊어 잠이 오고, 잠이 온다는 명료한 몸의 흐름만으로도 우리는 행복할 수 있다. 그리고 눈을 뜨면 어김없이 깨끗한 아침은 와 있다.

오늘 아침에는 눈이 내리면 좋겠다고 생각했다. 창가에 서서 눈을 감고 눈이 내리는 '소리 - 침묵'을 듣고 싶어서였다. 어젯밤 라디오에서 흘러나온, 눈이 내려서 희망을 품는 사람에 관한 이야기와 뒤이어진 선율 때문일 것이다. 아니 그 이야기와 노래 사이 찰나의 침

김현

묵 때문일 것이다. 마음이 차분해졌다. 뭔가 잘못된 것 같던 삶이 그렇지 않은 삶으로 한순간 변하는 것 같고, 그로써 잠시 웃었다. 잠시 웃는 것. 그게 삶의 전부일지도 모른다.

다음은 어느 노래하는 사람의 일화이다.
"별을 찾을 때까지 밤하늘을 올려다보는, 아주 오래된 습관이 있다. 금방 별을 찾은 날도 있지만 별을 찾으려 아주 긴 시간 길모퉁이에 서 있던 적도 여러 번 있었다. 환영일지 몰라도 계속 보다 보면 아주 작은 별이 보이곤 했고, 어쩌면 내 눈에만 보이는 별, 내가 그린 별일지도 모르지만, 별을 찾지 못한 날은 한 번도 없었다……."[▲]

별도 나(우리)와 닿기 위해 오래 헤매었을 것이다.

[▲] 강아솔, 인스타그램에서.

해가 진 뒤에

안희연

안희연

시인. 시집 《너의 슬픔이 끼어들 때》《밤이라고 부르는 것들 속에는》
《여름 언덕에서 배운 것》, 산문집 《단어의 집》《당신이 좋아지면, 밤이 깊어
지면》 등이 있다. 슬픔의 겹과 결을 늘 헤아리는 사람으로 살고 싶다.

극장에 가지 못하는 사람

요즘엔 극장에 가는 일이 우주를 가로질러 먼 행성에 가는 일처럼 느껴진다. 보고픈 영화 목록을 작성하는 일에는 여전히 성실하지만 그 계획을 실행에 옮기는 건 요원하기만 하다. 티켓을 예매했다가 상영 직전 취소하는 경우도 부지기수다. 과거의 나에게 극장은 오롯이 혼자가 될 수 있는 도피처였고 그날의 영화는 나를 다른 세상으로 이끄는 탈것의 역할을 했다. 극장에 살다시피 하며 하루에 서너 편 몰아 보는 건 일도 아니었다.

그런데 언제부턴가 극장을 찾는 일이 힘겨워지기 시작했다. 극장에 앉아 있으면 출구 없는 캄캄한 동굴에 갇힌 느낌이 들었고 나의 속도와는 상관없이 빠르게 흘러가는 장면들에 숨이 찼다. 얼마간은 덜컹이는 의자에 앉아 멀미를 견뎌보기도 했지만, 아무리 느린 호흡의 영화더라도 내가 임의로 속도를 조절하거나 일시

해가 진 뒤에

정지 버튼을 누를 수 없다는 사실만 재확인하다 끝났다. 극장의 문제인가 영화의 문제인가 그도 아니라면 속도의 문제인가. 원인을 탐색해봐도 모르겠다는 말만 반복될 뿐이었다. 삶의 모든 문제는 하나의 원인으로 수렴될 만큼 간단하지 않았고 자연스레 나는 극장과도 영화와도 멀어졌다. 돌이켜 생각해보면 세상 모든 화면을 정지시킨 채 아무도 없는 곳으로 가고픈 마음이 가장 컸던 것 같지만.

〈애프터썬〉(2023)은 그런 이유로 놓친 영화 중 하나다. 두 번이나 예매했으나 결국은 극장에 닿지 못했다. 그래도 거듭 예매를 시도할 만큼 이 영화가 매혹적이었던 건 포스터의 영향이 컸다. 영화는 2023년 2월 1일, 추운 겨울의 끝자락에 개봉했는데 포스터에는 여름의 기운이 만연했기 때문이다. 반소매 티셔츠를 입은 아빠와 딸이 여름 해변을 배경으로 포즈를 취하는 장면. 아빠는 안쓰러울 만큼 젊었고 딸은 먼 훗날 이 시간이

안희연

얼마나 찬란할지 모르는 채로 그 시간을 겪고 있었다. 포스터 상단에 적힌 "선연하게 남아 있는 그해 여름"이라는 메인 카피도, "아빠와 20여 년 전 갔던 튀르키예 여행. 둘만의 기억이 담긴 오래된 캠코더를 꺼내자 그해 여름이 물결처럼 출렁이기 시작한다"라는 영화 소개 글도 매혹적으로 다가왔다. 겨울을 그리 좋아하지 않는 나에게 겨울의 끝자락에서 전해진 여름의 초대는 희소식이자 기회였다. 잠시 겨울로부터 도망쳐 겨울을 잊을 수 있으리라는 기대를 품었다.

튀르키예라는 지명이 주는 이끌림도 적지 않았다. 그러나 공교롭게도 영화가 개봉된 지 얼마 지나지 않은 2023년 2월 6일, 튀르키예에서 규모 7.8의 대지진 소식이 전해졌다. 들것에 실려 나가는 사람들, 붕괴된 건물의 잔해를 담은 화면이 연일 보도되던 날들이었다. 화면 상단에 적힌, 기하급수적으로 늘어나는 사상자 수를 보면서도 실감이 나지 않았다. 그런데 하필 영화의 배경이 되는 장소가 튀르키예라니 주저하는 마음

해가 진 뒤에

이 들었다. 그때만 해도 나는 이 영화를 단단히 오해하고 있었다. 아빠와 함께했던 '그해 여름'이 얼마나 아름다울지 예상 가능하다고 여겼다. 다시 되돌아갈 수 없는 유년의 한때를 조명하는 영화는 이미 많다고, 그런 유의 영화가 관객에게 줄 수 있는 감정의 진폭도 엇비슷할 거라고 말이다. 같은 공간이지만 그 공간을 점유한 현실은 완전히 다르리라는 단정. 정작 영화는 보지도 않았으면서 저쪽의 현실은 무겁고 끔찍하며 이쪽의 현실은 달콤하고 안온할 거라고 너무 쉽게 단정해버린 것이다.

그럼에도 극장에서

시일이 흘러 OTT 플랫폼에 〈애프터썬〉이 업로드된 것을 보고 반가운 마음이 들었다. 만나야 할 영화는 어떻게든 만나게 되어 있나 보다고, 커피를 한 잔 내려 나민의 작은 영화관에 입장했다 누구의 방해도 받지 않

안희연

고 혼자인 곳에서라면 온전한 교감이 가능할 듯싶었다. 영화가 흐르는 동안 혹시라도 마음이 버거워지면 언제든 정지 버튼을 누를 요량으로.
영화는 예상대로 잔잔하게 흘러갔다. 여느 여름휴가지에서의 풍경과 크게 다르지 않은 장면들이 이어졌다. 수영을 하고, 낮잠을 자고, 책을 읽고, 거리를 거닐고, 리조트에 마련된 소소한 이벤트에 참여하는 등의 무료하지만 평화로운 일상들. 아빠의 캠코더를 들어 장난치듯 영상을 찍는 어린 소녀, 소피를 바라보고 있노라니 싱그러운 여름의 기운이 생생하게 되살아났다. 맞아, 여름은 이런 계절이었지. 피부에 송골송골 맺힌 물방울, 작열하는 태양, 잠수, 비치발리볼, 빛과 얼음, 색색의 소다, 프리즘…….
튀르키예라는 장소도 크게 중요하지 않아 보였다. 이혼 가정 아이였던 소피는 아빠와 단둘이 긴 시간을 보낼 수 있다는 사실만으로도 심리적으로 들어 올려졌을 것이다. 그곳이 어디인지보다 누구와 함께 있는지가

해가 진 뒤에

더욱 중요했을 테니까. 영화는 대체로 격양되어 있지만 이따금 울적해지기도 하는 아이의 시선을 줄곧 따라간다. 별다른 사건이나 드라마 없이 이대로 흘러가다 끝나는 영화인가 보다 마음을 놓았다.

영화의 말미에 이르자 예상치 못한 장면들이 틈입했다. 소피가 자라 성인이 된 다음의 장면들로, 나로서는 침입 혹은 난입이라고 불러야 할 만큼 갑작스러운 배치였다. 어두컴컴한 거실 소파에 앉아 20여 년 전 튀르키에에서 촬영한 캠코더 영상을 바라보는 쓸쓸한 소피의 얼굴이 지나가고, 그래도 너를 정말 사랑한다는 의미심장한 문장이 적힌 쪽지가 잠시 클로즈업되었다가 지나간다. 긴 복도를 걸어가는 아빠, 검은 방에 갇혀 필라멘트처럼 깜빡이는 아빠의 얼굴이 툭 끼어들기도 한다. 당혹스러운 전개였다. 이게 뭐지? 지금껏 나는 무얼 보고 있었던 거지? 마음 푹 놓고 백 분 가까이 따라온 장면들은 현실이 아니라 아이의 불완전한 기억에 불과했다는 건가?

안희연

머릿속이 복잡해졌다. 분명한 건 내가 이야기의 표면만 따라가고 있었다는 사실이다. 영화는 몇몇 의문스러운 장면들을 제시한 뒤 아무 설명도 없이 끝나버렸다. 예정된 휴가가 끝난 뒤 아빠는 튀르키예 공항에서 웃으며 소피를 배웅했다. 떠나기 싫은 소피는 기둥 뒤에 숨었다가 다시 나타나는 장난을 치며 아빠와의 헤어짐을 지연시켰다. 그 장면은 모두 아빠의 캠코더에 담겼다.

그런 뒤 아빠에게 대체 무슨 일이 있었던 건지, 튀르키예에서 돌아온 소피가 마주해야 했을 현실은 무엇인지, 성인이 된 지금까지 소피가 어떤 시간을 통과해왔을지 모든 것은 수면 아래 잠겨 있다. 나는 영화가 끝난 뒤에야 비로소 이 영화가 시작되었다는 생각을 했다. 태양이 떠 있는 동안의 이야기는 여기서 끝입니다. 이제 당신의 차례이니 태양이 진 뒤—'애프터 선(After sun)'의 장면을 상상하세요. 관객에게 주어진 숙제였다. 빈칸이 너무 많았다

해가 진 뒤에

마음이 먹먹해서 한동안 불을 켜지 못했다. 영화를 본 뒤 새롭게 알게 된 정보가 있다면 이 영화가 샬럿 웰스라는 여성 감독의 장편 데뷔작이며 자전적 요소가 포함되어 있다는 것 정도다. 추측건대 튀르키예에서 머물던 시각, 아버지는 어린 소피가 보듬어 살피기엔 이미 충분히 위태로운 상태였던 것으로 보인다. 그리고 아이를 집으로 돌려보낸 지 얼마 지나지 않아 스스로 어떤 선택을 했던 것 같다. 그러지 않았더라면 좋았을 어떤 선택을.

애프터 선. 태양이 졌다. 이 단순한 말 안에 얼마나 거대한 강물이 흐르고 있는 것일까.

우리는 모두 '그해 여름'이라는
식물을 기르는 존재들이다

나의 일과는 창문 열기로 시작된다. 침실 옆 작은 베란

안희연

다에 쪼르르 놓인 식물들의 안위를 살피는 과정이다. 통풍을 신경 쓴 뒤에는 흙에 손을 찔러 넣어 물을 줄 때인지 아직 좀 더 기다려야 하는지 파악하고, 엄지와 검지로 살포시 잎을 그러쥔 채 말 거는 과정이 이어진다. 대화는 주로 날씨 이야기로 시작된다. 오늘은 해가 쨍쨍하네. 오늘은 좀 흐리구나. 마음에 온도계를 밀어 넣어 슬픔의 온도를 재듯이. 날씨 이야기인 척 실은 내 마음의 상태를 살피는 것이다.

나는 나의 식물들에게 영화 〈애프터썬〉 이야기를 들려준다. 며칠 전에 내가 어떤 영화를 봤는데 말이지, 이 영화를 어떻게 설명해야 할지 모르겠어. 그냥 좀 속았다고 해야 하나. 인간에게는 누구나 되돌아가고 싶지만 그럴 수 없는 시간이 있잖아. 나는 이 영화가 그런 노스텔지어에 관한 영화인 줄 알았어. 지금 내가 서 있는 땅을 무르게 만들고 시간의 혹독함을 상기시키는. 그런데 그게 아니더라. 사실은 트라우마에 관한 영화였어. 사랑하는 이의 상실을 마주하는 일은 도무지 익

해가 진 뒤에

숙해지지 않는 것 같아. 마음의 준비를 단단히 해도 감당 못 할 파고가 생겨나는데 하물며 소피는 그곳에서 아빠와 너무나 즐거운 시간을 보냈잖아. 소피는 그해 여름을 향해 얼마나 많은 물음을 던져야 했을까. 왜 그랬을까. 무엇이 문제였을까. 누구의 잘못일까. 왜 이런 일이 벌어졌을까. 이 도돌이표 같은 질문들 속에서 소피가 자라왔을 거란 생각을 하니 가슴이 아파.
식물들은 잠자코 나의 이야기를 듣는다. 이따금 응답이라도 하는 듯 처음 보는 이파리를 톡 밀어 올릴 때도 있다.

아마도 영화의 이런 점 때문에 극장에 가지 못하는 사람이 되었는지도 모르겠다. 영화는 진즉 끝이 났으나 이해할 수 없는 거대한 물살을 온몸으로 막고 선 소피의 얼굴이 내내 머릿속을 맴돌았다. '플라스틱은 플라스틱, 스티로폼은 스티로폼, 종이는 종이' 칸칸이 분리수거를 하다가도, 욕실 바닥에 쪼그려 앉아 붉게 번져

안희연

가는 물곰팡이를 박박 문질러 닦다가도 소피가 떠올랐다. 이해할 수 없으니 분리할 수도 닦아낼 수도 없었겠구나, 소피는. 아빠가 왜 그런 선택을 할 수밖에 없었는지 따져 물을 수 있다면 좋으련만.

때로 사람들은 이런 영화를 성장영화로 분류하기도 하는 모양이다. 우리에게 주어지는 시련과 고난은 삶의 관문 같은 것이라고, 잘 극복하면 보다 성숙한 자아를 갖게 될 거라고. 그 말은 반은 맞고 반은 틀리다. 시련이나 고난이 인간 삶에 필수 불가결한 요소일 수 있다는 생각에는 반대할 마음이 없지만 그것을 극복의 대상으로 바라보는 관점에는 쉽게 동의가 되지 않는다. 샬럿 웰스 감독도 비슷한 생각을 하지 않았을까. 소피가 '그해 여름'을 과거에 두고 올 수 있었다면, 그래서 그 시간이 화석화되었다면, 이런 편집, 이런 연출은 하지 않았을 것 같다. 하지만 성인이 된 소피는 여전히 그해 여름을 이해할 수 없다는 얼굴로 과거를 바라보고 있었다. 자신은 그해 여름으로부터 한 걸음도 걸어

해가 진 뒤에

나오지 못했다고, 그것은 극복의 대상이 아니라 그저 동행할 수밖에 없는 시간일 따름이라고 영화는 말하고 있다.

나는 영화의 진동을 고스란히 느끼며 나의 식물들을 바라본다. 어쩐지 이 식물들은 그저 식물이 아니라 나의 오랜 기억들처럼 느껴진다. 식물이, 아니 기억이 가진 언어라고는 쉽게 휘어지고 말라가는 몸뿐이다. 나는 식물-기억이 내게 건네는 신호를 쉽사리 알아차리지 못한다. 추운 겨울날 영하의 기온을 염려하며 실내로 들이면 잎들이 바싹 메말랐고 더운 여름날 목마를까 봐 물을 듬뿍 주면 과습으로 줄기가 물렀다. 추위와 더위 어디쯤에서 이러지도 저러지도 못해 떠나보내야 했던 아이들도 여럿이다.

아픈 기억은 누구에게나 있다. 우리는 모두 '그해 여름'이라는 식물을 기르는 존재들이다. 그저 내 삶에 들이와 있음을 인정하는 것만으로도 버거운 기억, 구석

안희연

으로 문밖으로 치워두어도 봄이 되면 기어이 새잎을 밀어 올리며 존재를 증명하려 드는 '그해 여름'들을 마주할 때면 내가 가진 모든 언어를 잃고 만다.
그렇게 살아야겠니. 그냥 소멸할 수는 없는 거니. 나는 네가 아파.
'그해 여름'은 말없이 대답한다.
나는 그저 여기에 있는 거야. 어떤 의도도 없이. 그러니 부정도 긍정도 할 필요 없어. 나는 그저 여기에 있을 뿐인걸.

저면관수의 시간

그 후로도 오랫동안 소피는 나의 곁을 맴돌았다. 사람들 사이에 있어도 즐겁지 않은 날들이 이어졌다. 여전히 극장엔 가지 못했고 누군가 갖고 싶은 게 있냐고 물으면 일시 정지 버튼과 음소거 버튼이라고 정색하고

해가 진 뒤에

말할 만큼 피로한 날들이었다.

하지만 그런 날에도 하루의 시작은 똑같았다. 창문 열기. 흙에 손 찔러 넣기. 무용수가 포즈를 연습하기 위해 날계란을 쥐듯 엄지와 검지로 잎사귀를 부드럽게 쥐고 말 걸기. 차이가 있다면 이전에는 그저 식물이기만 했던 식물들이 지금은 나의 오랜 기억들과 포개진 존재가 되었다는 것 정도였다.

나는 그들의 안위를 살피며 베란다에 연결된 호스로 아낌없이 물을 준다. 봄에서 여름으로 건너오며 자라고 싶어 어쩔 줄 모르는 식물들의 에너지를 느낀다. 한껏 물을 머금고 춤추는 식물들을 볼 때면 분수대를 뛰어다니며 까르르까르르 웃는 아이들이 떠오르고 덩달아 내 안의 갈증도 해소되는 느낌이다. 정수리에 아이스 버킷을 쏟아부을 때의 감각. 살아 있다는 느낌을 그렇게나마 잠시 경험한다.

하지만 그 방법이 통용되지 않는 경우도 있다. 보통 식물에 급수할 때는 위에서 물을 부어주는 경우가 대부

안희연

분이다. 중력의 도움을 받아 물이 아래쪽 배수구로 흐르며 흙이 수분을 공급받는 형태다. 그런데 흙이 심하게 말라서 물 흡수를 못 하는 상태라면 저면관수를 통해 필요한 수분을 공급받게 해야 한다. 저면관수는 너른 용기에 물을 채운 뒤 그 안에 화분을 집어넣어 뿌리가 스스로 물을 빨아올리도록 유도하는 방식이다.

며칠 전에도 겉흙이 너무 단단해진 화분을 저면관수 하는 일이 있었다. 화분 앞에 쪼그려 앉아 내가 너무 조급하게 굴었지, 중력을 너무 믿은 탓일까, 우리가 늘 두 발로 멀쩡히 서 있을 수 있는 건 아닌데 내가 너무 무심했어, 속삭였다.

오랜 기다림이 필요한 일이었다. 나는 저면관수 중인 화분을 바라보며 그 안에서 벌어질 일을 상상해보았다. 식물의 잔뿌리들이 있는 힘껏 물을 빨아들이려 안간힘을 쓰는 장면을. 세상엔 눈으로 볼 수 없는 게 참 많은 것 같다고 중얼거리면서.

나의 작은 화분이 세상의 속도가 아닌 자신만의 속도

해가 진 뒤에

와 힘으로 필요한 물을 빨아들이는 동안 나도 나대로 저면관수의 시간을 보내기로 했다. 빨래를 돌리고 산책을 나섰다. 개천을 따라 걸으며 어쩔 수 없이 내 안에서 우후죽순 자라나는 '그해 여름'들을 떠올렸다. 여름은 모든 것을 무성하게 만드는 계절이었으므로 개천의 풀들은 내 키를 쉽게 넘어서려 들었고 나무들도 맹렬히 자라 나를 굽어보는 형국이었다. 전지가위, 아니 트랙터를 몰고 와 이곳을 공터로 만들어버리고 싶다는 충동이 잠시 일었지만 나의 작은 화분을 떠올리며 마음을 고쳐먹었다. 나는 저면관수의 시간을 보내고 있는 중이니까. 아래로부터, 아래로부터 밀려오는 무언가가 있을 것이라는 믿음으로.

그날 밤, 나는 나의 화분들 앞으로 되돌아가 며칠 전 책에서 읽은 이야기를 들려주었다.
"물고기에게는 '색소 세포'라는 것이 있대. 물고기의 피부를 자세히 들여다보면 작은 점들이 있는데, 때에

안희연

따라 특정 색깔의 세포를 팽창시키거나 수축시키면서 피부색이나 패턴을 바꿀 수 있다더라. 너무 신비롭지? 사람에게도 그런 재주가 있다면 어떨까? 너무 쉽게 기분을 들키게 될까? 내가 누구에게도 이해받지 못한다는 생각이 들 때, 깊은 바다 속에서 스스로의 색과 무늬를 지울 때, 나와 닮은 물고기가 내게 찾아와줄까? 색도 무늬도 없는 우리가 서로를 알아볼 수 있을까?"
말없이 나의 이야기를 듣던 식물들은 잎사귀에 내려앉은 달빛마저 무겁다는 듯 아래로 휘어졌다.

물론 실제로 그랬을 리는 없다. 나의 착각이라면 모를까. 다만 나는 보고 싶었다. 무리에서 홀로 떨어져 나와 자신의 색과 무늬를 지워야 했을 심해어가, 20여 년이 지난 지금까지도 '그해 여름'을 무겁게 끌어안고 있을 소피가, 세상 모든 애프터 선의 시간을 지나고 있을 당신과 당신과 당신들이 저면관수의 시간을 보내는 모습을.

해가 진 뒤에

"원래 세상은 이해할 수 없는 일로 가득하잖아."
정수리로 기억의 물줄기가 쏟아져 내려와 숨이 막힐 땐 감정의 일시 정지 버튼을 누르고 산책을 나선다. 아래로부터, 아래로부터 밀려오는 무언가가 있을 때까지.
집으로 돌아온 뒤엔 나의 화분들 앞으로 간다. 밤의 볼륨을 높이자 적막이 연주된다. 너의 휘어짐은 율동 같아. 나도 그렇게 부드럽게 휘어지고 싶구나.
애프터 선의 시간이 지난 뒤에 무엇이 남을지 우리는 영영 모를 테지만, 지금은 그 사실이 좋다. 우리가 간절히 모를 때, 아래로부터 아래로부터 밀려오는 무언가가 있다는 걸 한 번 더 믿어보고 싶기 때문이다.

선잠

안미옥

안미옥

시인. 시집 《온》 《힌트 없음》 《저는 많이 보고 있어요》 등이 있다.

귀여운 것을 좋아하고, 어제보다 한 뼘 더 나아가며 살고 싶은 사람.

사람은 발이 따듯해야 한다는 말을 자주 들었다. 몸 가장 바깥에 있는 신체 기관이 무엇일지 물으면 손가락을 떠올리는 사람도 있을 텐데, 나는 발과 발가락을 떠올리게 된다. 가장 바깥에 있다는 것은 가장 멀리까지 뻗어나가보았다는 것이다. 몸이 가장 멀리까지 나아가보려 한 흔적이 발에는 남아 있다. 그러니 발이 따듯해야 하는 것은 당연하다. 더 멀리 뻗어나가려면 힘이 끝까지 닿아야 하니까.

아이의 발을 만져보면 알 수 있다. 발이 따듯해야 한다는 것이 무슨 의미인지를. 아이가 건강할 땐 발이 따듯하다. 그러나 아플 땐 다르다. 한번은 아이가 열감기에 심하게 걸린 적이 있었다. 온몸이 뜨거운데 손과 발은 아주 차가웠다. 손으로 감싼 아이의 발은 살얼음 낀 찬물 같았다. 해열제를 먹여도 열이 잘 떨어지지 않았다. 뜬눈으로 밤새 아이를 지켜보았다. 어른들은 말했다. 아이의 발이 차가운 건 정말 아프다는 뜻이라고. 그러니 잘 돌봐야 한다고. 그날 이후로 아이의 발이 차가울

선잠

땐 덜컥 겁이 났다. 건강하다는 것은 온기가 있는 것이구나, 생각했다. 약을 먹고 약효가 잘 돌고 몸이 회복되면 발은 다시 제 온도를 찾는다. 신기했다. 40도 가까이 되는 고열에 시달리다가도 열이 내리면 동시에 발은 따듯해진다. 그러면 아이는 다시 생기를 되찾고 잘 먹고 잘 놀고 잘 잔다.

새벽, 선잠에 뒤척이다가 아이의 한 발을 한 손으로 감싸 쥐고 다시 잠드는 건 이때부터 생긴 버릇이다. 그러면 나는 조금 안전해진 기분이 든다. 따듯하다는 것은 안전하다는 것이구나. 나는 그것을 발의 온도로 배웠다. 차가워진 발은 잠을 깨운다. 아이도 뒤척일 땐 두 발로 내 몸을 파고든다. 발은 꿈에서도 따듯한 곳을 찾는다. 꿈의 바깥으로 나가 찾아 헤맨다.

어떤 시간은 차가운 발의 감각으로 기억되기도 한다. 스무 살 무렵 친한 언니가 물었다. "살면서 가장 추웠던 기억이 뭐야?" 질문을 받고 제일 먼저 떠올랐던 것

안미옥

은 한겨울에 흰 눈이 온통 얼어 있는 골목을 맨발로 달리던 차가운 두 발이다. 열세 살의 나. 허겁지겁 밖으로 나와 한참을 뛰다가 갈 곳도 없고 무서워 다시 집으로 돌아가야 했던 그 시절의 내 두 발. 발가락이 얼었던 것보다 곤란했던 것은 한밤중 맨발로 다니는 아이를 그냥 지나치지 못하는 사람들의 시선이었다. 차마 집으로 들어가지 못하고 문밖에 서 있는 나를, 제발 그냥 지나쳐주길 간절히 바랐다. 신발도 못 챙겨 신고 뛰어나와야 했던 상황을 내게 질문하지 않길 바랐다. 흰 눈 위에 놓인 맨발을 가릴 만한 것이 없던 그 순간이 난처했다(그 마음은 지금도 유효해서 어른이 되어 유년의 아팠던 시간을 이야기하는 게 여전히 좀 부끄럽다). 한 어른이 내게 어서 집으로 들어가라고 이야기했다. 걱정 어린 눈으로 나를 계속 바라보고 있어서 나는 들어가는 시늉을 해야 했다. 대문 앞까지 갔다가 문을 여는 척하며 멈춰 서 있었다. 어른이 지나간 것을 확인하고 나는 다시 골목을 돌아다녔다. 골목길에 주

선잠

차된 자동차들 옆으로 걸었다. 언 발이 아팠다. 언 발을 숨기고 싶었다.

그러니까 어떤 시간은 퉁퉁 언 맨발로 요약된다. 언 발을 녹이고 싶은데 내가 가진 건 차가운 손뿐이라는 것을 알게 되는 시간. 그 순간을 감당하는 것이 오롯이 나의 몫인 것만 같은 시간. 차가운 손으로는 발을 아무리 붙잡고 있어도 따듯해지지 않았다. 차가운 발 때문에 손도 덩달아 더 차가워지는 것 같았다. 그래도 붙잡고 있었다. 다른 손을 가진 누군가가 내 발을 잡아줄 수 있을 거라고 생각하지 못했다. 그때의 내 상상력은 거기까지 가지 못했다. 내 발을 잡아줄 손은 내 손밖에 없다고 생각했고 그게 나에겐 진실이었다.

모두에겐 그런 언 발의 시간이 있는 것 같다. 그것은 지나온 시간일 수도 있고 지금도 계속되고 있을 수도 있다. 발밑의 미래처럼 앞으로 다가올 시간으로 생각하며 살 수도 있다. 그래서 나는 질문하게 된다. 발을

안미옥

깨뜨리지 않고 온전히 녹일 수 있을까. 혼자서도 가능할까. 사람들은 자신의 차가운 발을 어떻게 녹일까. 자신의 언 발을 어떻게 감출까. 그런 생각을 스스로 의식하지도 못한 채 오랫동안 하고 있었다. 그러니 누군가가 걱정될 땐 그 사람의 발을 떠올리게 되는 것이다. 철에 맞지 않은 신발을 신은 꽁꽁 언 발, 수면 양말을 몇 개씩 신고 있어도 여전히 차가운 발, 이불 밖으로 나온 겨울의 발 같은 것. 숨기고 싶은 날카롭고 단단한 기억 같은 것. 밖으로 꺼낼 수 없는 꽁꽁 언 마음 같은 것. 좋은 사람이 되고 싶다는 열망 같은 것. 사랑받고 싶다는 생각 같은 것.

그러다 어느 날엔 이런 마음이 시가 되기도 했다.♠
의도하고 쓴 것은 아니었는데 시가 써진 후에 알았다. 내가 내내 언 발의 시간 안에 있었다는 것을. 따뜻한 발을 가질 수 있을까, 자주 생각했다는 것을. 그러다 시를 쓰며 다른 생각을 하게 되었다. 꽝꽝 언 발이 녹지 못하고 결국엔 깨지게 되더라도 그래도 괜찮은 것

선잠

아닐까, 그렇게 파편으로라도 멀리 가면 되지 않을까, 그러다 물이 되어 흘러가도 되지 않을까, 라고.

*

작은 화분 몇 개를 키우고 있다. 물과 햇빛, 바람 덕분에 키우던 식물이 많이 자랐다. 분갈이해야지 생각하곤 한참이 지나서야 큰 화분을 샀다. 화분이 작아 보였지만 새잎을 내고 열심히 자라고 있어서 급하다고 생각하진 못했다. 집 앞 꽃집에서 산 치자나무 화분이었다. 사실 분갈이를 해본 적이 별로 없어서 어떻게 해야 할지 잘 몰랐다. 인터넷에 검색해보니 원래 있던 흙을 좀 털어주고 잔뿌리를 정리해주라고 했다. 간단했다. (이 생각은 나의 오만이었다는 것을 나중에 알게 된다!)
흙을 준비하고, 화분에서 치자나무를 꺼냈다. 와, 소리가 절로 나왔다. 뿌리들이 잔뜩 뒤엉켜 있었는데 상상

안미옥

보다 훨씬 많은 뿌리가 자라 있었다. 뻗어나갈 곳이 없어 화분 안을 빙빙 둘렀고 뿌리가 뿌리를 뒤덮고 있었다. 나는 엉켜 있는 뿌리들을 뭉친 실을 풀듯 풀어주었다. 잘 풀리지 않았다. 잔뿌리를 많이 잘랐다. 뿌리가 움켜쥐고 있던 흙도 털어주었다. 털고 털고 털었다. 너무 털어서 거의 뿌리만 남을 때까지. 헌 흙에는 영양분이 없을 것이라고 생각해서 그랬다. 다 털고 나자 치자나무가 아주 가볍게 느껴졌다. 적당히 털어야 했다는 걸 깨달은 건 새 흙을 덮고 나서 치자나무가 중심을 못 잡고 계속 흔들렸을 때다. 지지하고 있던 원래 흙을 몽땅 털어냈으니 뿌리가 지탱할 곳이 한순간에 사라진 것이다. 흙을 더 채우고 꾹꾹 눌러주었다. 흙을 꾹꾹 눌러주니 더 이상 흔들리지 않았다.

며칠이 지나고 보니 치자나무잎이 노랗게 변해 있었다. 내가 너무 꾹꾹 눌러준 탓에 흙이 단단해진 것이다. 단단해진 흙에선 물이 잘 빠지지 않는다고 했다. 그래서 과습이 된 것 같았다. 식물상점을 하는 친구에

선잠

게 물어보니 그럴 땐 젓가락 같은 것으로 흙을 조금씩 흔들어주라고 했다. 흙을 흔든다는 말이 재미있었다. 단단해진 무언가를 흔들어 숨쉴 틈을 만들어주는 손이 떠올랐다. 친구의 말대로 하고 나서 뿌리가 새 흙에 온전히 자리 잡을 때까지 기다려주기로 했다. 전보다는 노란 잎이 덜 생기는 것 같았다.

한동안 나는 뿌리에 대해 생각했다. 더 뻗을 곳이 없는데도 계속해서 뻗어나가려고 했던 튼튼한 뿌리 이미지가 내 안에 맴돌았다. 뿌리를 떠올리면 자연스럽게 발이 연상된다. 식물의 발. 최대치로 자신의 경계를 확장하며 흙 속을 파고드는 이미지. 그러다 불현듯 궁금해졌다. 그런 식물의 뿌리는 어떤 온도일까. 차가울까? 온도가 없을까? 계절에 따라 달라질까? 그렇다면 흙은 어떨까. 뜨거운 여름날 화분이 뜨거워지면 흙도 뿌리도 함께 뜨거워지는 걸까. 겨울의 치자나무도 서늘한 뿌리로 자신의 지경을 계속해서 넓히는 것이 가능

안미옥

할까.

뿌리는 온도와 상관없이 최대치로 파고들고 뻗어나가려 한다. 그것은 자신을 돌보는 일이기 때문이다. 스스로 힘을 기르는 일이기 때문이다. 깊이 자신을 확장하는 것이 곧 초록 잎과 열매를 맺는 일이기 때문이다. 그러다 보면 나비도 만나고 벌도 만나는 시간이 찾아오는 거겠지. 자신과 같이 스스로를 돌보려 애쓰는 다른 나무를 만나 숲을 이루게 되기도 하고.

내가 언 발에 골몰했던 시간도 아픔에만 파고들었던 것은 아닐지 모른다. 언 발의 시간 속에서 삶의 한 면모를 생각해보는 일, 상처받은 나 자신을 외면하지 않고 돌아보는 일, 언 발을 간직한 채로 앞으로 나아가려면 어떻게 해야 하는지 용기 있게 질문을 던지는 일. 그런 애씀의 시간이 모여 나를 나로 세운다. 그러면 나도 나무처럼 비로소 만나게 된다. 옆에 있는 사람들을. 각자의 보폭으로 나란히 걷는 사람들을. 그리고 배우게 된다. 마음을 주고받는 기적 같은 시간을.

선잠

아무도 없는 곳에서의 시간이 나를 모두가 있는 곳으로 갈 수 있게 한다. 그 시간은 한순간에 이루어지지 않는다. 치자나무의 뿌리는 구불구불했다. 직선이 아니었다. 깊게 가 닿으려고 뒤척이는 시간이 뿌리의 자세를 만들고 있었다.

▲ 안미옥, 〈콘크리트〉

무엇을 꺼낼 수 있을까

그날의 일로부터 시작하려고 했는데
나는 통과할 수 없을 것 같다

차갑게 언 신발을 신고 있어서
걸을 수 없을 것 같다

안미옥

유령이면서

사물과 사람을 통과하지 못하고

부딪히면서 혼자 넘어지고 혼자 튕겨 나가면서

그렇게라도 가보려고 했는데

활짝 열린 통로 입구에서

희박한 몸의 모서리라도 맞춰보려 했는데

단단한 장갑 안에 손을 끼우면

내 손도 단단해질 수 있을까

단단한 손으로는

깨뜨리고 싶은 것은 무엇이든 깨뜨릴 수 있게 되겠지

수시로 떠오르는 얼굴 같은 것

불현듯 찾아오는 목소리 같은 것

선잠

완전해져가는 변명을 깨뜨릴 수 있겠지

전구는 얇고 전구는 쉽게 뜨거워지고

전구는 언제든 조각날 수 있다 언제든 팍, 하고 터질 수 있다

사방으로 흩어지는 조각들은 자유롭게

날아갈 수 있다

통과하지 못한다면 관통하면서

언 발로 뛰어다니다 깨진 발이 녹아서

나아갈 수 있다

| 작품 해설 |

사랑의 예술가들

양경언(문학평론가)

여기 모인 글들은 강아솔의 앨범 《아무도 없는 곳에서, 모두가 있는 곳으로》와 함께 쓰였다. 글을 쓰는 작가의 모습을 상상할 때 우리는 대개 모니터 앞에서 '홀로' 긴 시간을 씨름하는 이의 모습을 떠올린다. 그런데 '함께' 쓴다니. 이런 일은 어떻게 가능할까.

'홀로'와 '함께'라는 말을 나란히 두기 위해서는 '아무도 없는 곳'과 '모두가 있는 곳'이란 말이 어떤 관계를 맺고 있는지 먼저 고민해야 한다. 이 말은 상반된 의미를 가진 듯 보이지만, 정말 그러한지 천천히 생각해볼 필요가 있다. 주어진 말이 지닌 의미의 영역 바깥으로 나서는 일에 주저함이 없는 예술의 공동체를 따라 나서기로 한다.

안미옥의 〈선잠〉은 우리에게 깨뜨리지도 녹이지도 못하고 있는 '언 발의 시간'이 있는지 자상하게 묻는다. 시인은 땅에 깊게 뿌리내리기 위해 뒤척일 줄 아는 치자나무처럼 언 발을 녹일 제 손의 온기를 믿고 흙과 물과 햇볕과 사람의 손길 한가운데 있는 스스로를 돌보라고 일러준다. 그렇게 한다면 외롭게 얼어있던 시간도 깨어진 여러 조각이 이루는 빛의 스펙트럼으로, 때로는 흐르는 물의 형태로 더 멀리 나아갈 수 있을 거라고. 〈선잠〉에서 구불구불 움직이는 치자나무의 뿌리와 꼼지락꼼지락 움직이는 우리 몸의 일부가 제 몸에 알맞은 온도를 찾아가는 장면을 떠올리다 보면, 김현의 〈물결과 별〉이 그리는 '잔물결'이란 말의 울림에 자연스레 기대게 된다. 사람 때문에 소란스러워지다 금세 잠잠해지기도 하는 우리 마음 속 일렁이는 물결무늬를 시인은 어둠과 빛으로 비춘다. 어둠과 빛은 서로를 간섭하는 사이. 나란히 나타나 가장 기쁜 일이 가장 슬픈 일이 되고 가장 슬픈 일이 가장 기쁜 일이 되기도 하는 사랑의 비밀을 속삭여주는 사이. 시인의 글 속에서 어둠과 빛은 "아무도"의 '아무'를 '우아한 춤雅舞'으로 변용시켜 사랑이 "모두"를 그치지 않는 기쁨과 슬픔 사이를 오가게 한다고 기록한다. 안희연의 〈해가 진 뒤에〉는 어쩌면 그런 잔물결이 일렁이던 시절을 과거의 자리에 두지 못하는 이의 현재에 대한 기록일지도 모르겠다. 한때 우리의 전부를 이루었다가 까닭 모르게 사라진 그것은 어디로 가버렸을까. 어떤 아픔은 가장 선명한 빛깔을 가지고 있다는 이유만으로 지금 우리의 눈을 부시게 만든다. 시인은 누구를 책망하는 대신에 식물이 저면관수의 시간을 살아내듯 자신 내면의 아래로부터 무언가가 올라오길 기다리기로 한다. 세 작가의 글에서 "아무도 없는 곳"은 스스로를 깊숙이 방문하는 장소. 그이들을 통해 우리는 그곳에서 사랑이 마련하는 어떤 온도를, 어떤 명암을, 어떤 아픔을 살핀다. 그곳을 제대로 가꾸기를 피하지 않을 때 모두가 각자의 온도와 명암과 아픔으로 걷는 세상의 한 풍경이 우리 앞에 이전과는 다른 느낌으로 나타날 수 있을 것이다.

신해욱의 〈이제 양쪽에서〉는 우리가 막연하게 감지하곤 하던 추상화된 아름다움이 실은 구체적인 삶의 한복판에서 그 실체를 드러낸다는 것을 보여준다. 조카와 동생, 동생과 '나', '나'와 할머니와 동생이 서로 실뜨기 놀이를 하듯이 이어간 시간 속에는 지금은 보이지 않지만 분명히 있었던 것들이, 여전히 보이지 않지만 간절히 있기를 바라는 것들이 이슬처럼 맺힌다. 소리가 있는 쪽과 없는 쪽 양쪽 모두가 있는 곳이란 이처럼 매우 조심스럽게, 너무나 소중하게 연결되고 꿰어지는 것. 최진영의 〈이 겨울이 끝나면 당신을 잊겠습니다〉는 연결되고 꿰어졌던 마음을 꺼내 그간 보내지 못했던 편지를 발신하는 겨울의 이야기를 들려준다. 한겨울 깊은 밤 혼자 부르는 노래는 수신인을 비밀의 자리에 앉힌 채 편지를 쓰는 일과 같다. 아니, 이 노래는 겨울의 공기에 실려 수신인인 당신에게 가 닿을 게 분명하므로 오히려 발신인인 '나'의 이름이 적히지 않은 편지와 같다고 해야겠다. '차마 다 보내지 못한' 진심의 형태로 보관되어 있는 사랑의 파동이란 모두가 나서서 간직해주는 비밀과 같은 것. 그리고 비밀은 간직되기 위해 존재하는 것. 비밀로 간직되느라 좀처럼 드러나지 않있던 '나'와 '너'가 어떻게 씨줄과 날실로 엮

여 새로운 노래를 출발시키는지에 대해선 한정원의 〈노래가 되기까지〉를 읽어야 한다. 한 사람의 목소리에 고여 있던 마음은, 그 마음 뒤에 드리워진 그림자는, 그림자가 웅크린 채 끌어안은 침묵은 언제 노래가 되나. 노래가 되기는 할까. 작가는 목소리가 모두와 마찰을 일으키는 곳에 있기도 하다는 점을 주목한다. 한 사람의 목소리에 고여 있던 마음은 바로 그 목소리가 마찰을 통해 일으켜질 때 그림자와 침묵을 품고 떠나면서, 여러 사람의 마음에 닿아 흐르고 흐르면서 노래가 된다고. 세 작가의 글에서 "모두가 있는 곳"이란, '없다'고 오해되었던 것들이 나타나고, 정해진 곳에 머물러 있다고 여겨졌던 것들이 자리를 옮기면서 함께 '모두'로 있게 되는 장소. 그이들을 통해 우리는 그간 보지 못했던 것들을, 말하지 못했던 것들을, 듣지 못했던 것들을 사랑이 마련하는 현장에서 만난다. 모두가 있는 곳을 둘러보는 가운데 아무도 없는 곳의 의미를 깨닫는다.

그러므로 여기 모인 글들은 '홀로' 그리고 '함께' 쓰였다. '홀로'와 '함께'는 따로 쓰는 말이 아니라 글이 쓰이는 과정에서 동시에 수행되는 말. 그러니까 여섯 명의 작가가 모니터 앞에 홀로 앉은 채 사랑의 노래와 함께 여러 얼굴을 한 글자, 한 글자 새겨나갔듯이, 우리가 홀로 이 책을 읽어나가는 순간에 함께 하고 싶은 누군가를 떠올리며 잠시나마 그와 더불어 있는 시간을 마련했듯이, 혼자인 사람은 누구도 없다. 어떤 이가 그 자신으로 오롯이 있을 수 있도록 그이와 연결된 이들이 그 말을 사실로 만들어준다. 이렇게 말할 수도 있을 것이다. 누군가와 진심으로 함께하는 사람 중에 그 자신의 세계를 잃어버린 사람은 아무도 없다고. 사랑이 이루는 세계는 언제나 풍부해지는 방향을 따른다고.

사랑하는 마음을 사랑의 언어만으로 충분히 표현하지 못하는 이들의 난감함이 이 책에 모인 이 글들을 쓰게 했을 것이다. 사랑이라는 언어를 가득 채우고도 더 채워낼 사랑을 가진 이들이 이 글들을 한 권의 책으로 묶게 했을 것이다. 사랑의 언어는 우리 자신으로 인해 이전엔 없던 소리로 더 널리 발음된다. '나'와 연결된 '너'로 인해 더 깊어진다.

나는 사랑한다는 말을 꺼내는 순간 그것이 부서질까봐 그 말을 내 안에 가둬두는 데 급급했던 사람이다. 사랑, 내게 그 말은 사랑하는 사람을 잃고 십십여 년의 시간을 슬픔에 바치 나의 엄마를 떠올리게 했다. 그런 엄마의 슬픔과 닮을 수 없어 평생을 슬픔 바깥에만 서 있으려 했던 나의 새아빠를 떠올리게 했다. 그리고 엄마와 새아빠를 위해 내가 여기 있노라고 아니, 내가 멀리 떠났노라고 영혼의 볼륨을 높였다 낮추며 떠돌았을 친아빠를 상상하게 했다. 사랑이란 말은 너무 끈질기고 집요한 동시에 커다랗고 고귀해서 그 말이 나를, 그리고 너를 집어삼킬까봐 두려웠다. 미안해, 나는 사랑이 어려운 사람이야. 이런 말로 오래 너를, 그리고 나를 잘도 속여 왔다.

하지만 나는 기쁨도 슬픔도 아무도 없는 곳에 머물기보다는 기쁨과 슬픔과 분노와 절망 그 모든 게 있는 곳으로 가기를 택한 사람들의 친구. 아무도 없는 줄 알고 홀로 소란스러운 내면과 싸웠던 곳이 알고 보니 모두가 연결되어 있어 함께 평화로울 수 있는 곳이었음을 일러주는, 그런 사랑의 지혜를 품은 이들의 동료. 무엇보다 나는 사랑을 자기만의 무늬로 삶에 수놓을 줄 알았던 사람들의 딸. 지금의 나는 사랑이 어렵지 않은 사람은 아무도 없다고, 그러므로 그런 사랑의 총량은 하면 할수록 는다고 쓴다. 하얗게 비어있는 들판에 어둠과 빛을 들이는 일이 곧 사랑이라고 쓴다. 사랑과 예술이 한 몸일 수 있는 이유는 사랑 또는 예술이 아무도 없는 줄 알았던 텅 빈 자리에 모두가 다닐 수 있는 길을 내기 때문일 것이다. 그런 길을 씩씩하게 나서기로 한 우리는 모두 사랑의 예술가들이다. '나는 당신을 사랑한다.' 이 문장이 우리를 날마다 새로 태어나게 만들 것이다.

이런 얘기는 문장으로 쓰지 말자고 다짐했던 적이 있다. 이제 나는 그런 다짐이 얼마나 우매한지 안다. 용기를 내서 여기까지 온 당신의 얘기 또한 듣고 싶다. 우리가 함께 노래할 때 사랑이 가르쳐 준 삶의 비밀은 잊히지 않을 거라고.

양경언

문학평론가. 지은 책으로 《안녕을 묻는 방식》(창비, 2019) 등이 있다.
누군가와 함께 하고 있다는 착각을 좋아한다. 그리고 이것은 대체로 착각에 불과하다.